Kurt Heimbucher

Zukunft durch Umkehr

Herausgegeben von Theo Schneider

BRUNNEN VERLAG GIESSEN / BASEL
GNADAUER VERLAG DILLENBURG

ABCteam-Bücher erscheinen in folgenden Verlagen:
Aussaat Verlag Neukirchen-Vluyn
R. Brockhaus Verlag Wuppertal und Zürich
Brunnen Verlag Gießen und Basel
Christliches Verlagshaus Stuttgart
Oncken Verlag Wuppertal und Kassel

Die Deutsche Bibliothek – CIP-Einheitsaufnahme:
Heimbucher, Kurt: Zukunft durch Umkehr /
Kurt Heimbucher. - Giessen ; Basel :
Brunnen-Verl., 1998 (ABC-Team : Paperback)
ISBN 3-7655-1156-0

Umschlagfoto. Klaus Ender
Umschlaggestaltung: Ralf Simon
Satz: Brunnen DTP
Herstellung: St. Johannis-Druckerei, Lahr
ISBN 3-7655-1156-0

Inhalt

Zum Geleit 9

Zukunft durch Umkehr 9
Die Aktualität des Pietismus heute und morgen xx

Gott ruft den Menschen zur Umkehr 24
Bekehrung als ein Hauptwort des biblischen Zeugnisses
– Thesen und Erläuterungen

Zukunft durch Umkehr zur Bibel 42

Evangelisierende Gemeinde – heute 59

Grundlinien für den evangelistischen Dienst 71
Zur Theologie der Lausanner Verpflichtung

Theodor Christlieb – ein Theologe der Evangelisation 83

Das Wort vom Kreuz 101
Die Aktualität von Luthers Unterscheiden zwischen
„Theologie des Kreuzes“ und „Theologie der Herrlichkeit“

Zum Geleit

In diesem Jahr sind es zehn Jahre her, daß Kurt Heimbucher, Pfarrer und langjähriger Präses des Gnadauer Verbandes, im Alter von 59 Jahren plötzlich von Gott abgerufen wurde. Unerwartet verstummte damals die Stimme eines Zeugen, der viele Jahre hindurch als Prediger und Seelsorger rastlos unterwegs war. Ausleger der Heiligen Schrift zu sein, Menschen durch die Verkündigung anzusprechen, auf dem Weg der Nachfolge zu ermutigen und zu trösten, das war seine Leidenschaft. Zugleich verfolgte er engagiert das Geschehen in Kirchen und freien Werken. In Vorträgen und Veröffentlichungen nahm er Stellung zu den Herausforderungen und Problemen. Verständlicherweise ging es ihm dabei besonders um den Weg des innerkirchlichen Pietismus, aber er wußte sich auch mitverantwortlich für die evangelischen Landeskirchen und alle Arbeit im weiten Raum der Evangelischen Allianz.

„Zukunft durch Umkehr“, so lautete das Motto des Jubiläums 100 Jahre Gnadauer Verband 1988; das war auch die Überschrift über seinen Vortrag bei der zentralen Festveranstaltung in Stuttgart. Seine Ausführungen fanden eine weite Beachtung.

Im Abstand der Jahre zeigt sich, daß dieses Motto insgesamt ein entscheidendes Stichwort über dem Leben und Wirken von Kurt Heimbucher war. Deshalb kreisen die hier zusammengestellten Aufsätze und Vorträge um das biblische Zeugnis von der Umkehr. Die Thesenreihe mit Erläuterungen mit der Überschrift „Gott ruft den Menschen zur Umkehr“ geht zurück auf eine Tagung in den siebziger Jahren. Konzentriert und zugleich äußerst aktuell wird der biblische Befund zu Bekehrung, Rechtfertigung und Wiedergeburt entfaltet. Natürlich leuchtet hier besonders die lutherische und pietistische Prägung des Verfassers auf.

„Zukunft durch Umkehr zur Bibel“ betrifft eine der Lebensfragen evangelischen Glaubens. Kurt Heimbucher war es ein dringliches Anliegen, daß die Gemeinschaftsbewegung eine Bibelbewegung bleibt oder wieder wird. Gerade in diesem Zusammenhang sah er große Aufgaben für die Zukunft – für den Pietismus und die Kirche. Denn: „Unser Volk darf kein bibelloses Volk werden!"

Dankbar hat Kurt Heimbucher die Impulse vom ersten Lausanner Kongreß für Evangelisation 1974 aufgenommen. Die inhaltlichen Linien der Tagung wie auch das Erlebnis der weltweiten Gemeinde Jesu haben ihn inspiriert. So hat er später in Deutschland bewußt und verantwortlich bei „Christ aktuell – Missionarisches Jahr 1980" mitgearbeitet. Trotzdem hatte er auch Fragen an die von dem Kongreß ausgehende Bewegung. Aber gerade aus der Dankbarkeit für alle Anstöße konnte er auch brüderlich-kritisch nachfragen und auf Herausforderungen angesichts der deutschen Situation hinweisen.

Kurt Heimbucher war ein Liebhaber und Kenner der Geschichte, der profanen wie vor allem auch der Kirchen- und Erweckungsgeschichte. Deshalb ist es kein Zufall, daß sich in seinem Nachlaß Aufsätze und Referate zu verschiedenen Gestalten und Epochen finden. So hat er sich immer wieder mit Professor Theodor Christlieb beschäftigt, dieser prägenden Gestalt am Beginn der Gemeinschaftsbewegung. Th. Christlieb war ihm gerade als „Theologe der Evangelisation" wichtig. Deshalb ist der Aufsatz über Theodor Christlieb in dieser Sammlung nicht nur ein kleiner historischer Akzent, sondern gehört inhaltlich ganz zum Grundthema „Zukunft durch Umkehr".

Ein besonderes Vermächtnis ist schließlich der Vortrag „Das Wort vom Kreuz". Lange hatte er an diesem Vortrag gearbeitet. Er entdeckte dabei für sich selbst ganz neu das „Wort vom Kreuz" als die Mitte aller Theologie. Allein durch den Gekreuzigten ist Rettung, Umkehr und Zukunft möglich. Der Satz Martin Luthers steht deshalb nicht zufällig am Ende des Beitrages und damit auch dieses Buches: „Das Kreuz allein ist unsere Theologie."

„Gedenkt an eure Lehrer, die euch das Wort Gottes gesagt haben; ihr Ende schauet an und folgt ihrem Glauben nach. Jesus Christus gestern und heute und derselbe auch in Ewigkeit“ (Hebr. 13,7.8).

Dillenburg, im Mai 1998

Christoph Morgner
Präses Gnadauer Verband

Theo Schneider
Generalsekretär

Zukunft durch Umkehr

Die Aktualität des Pietismus heute und morgen *

I.

Das Thema „Zukunft durch Umkehr" ist seit Jahren auch im säkularen Raum aktuell. Von den vielen Stimmen, die hier zitiert werden könnten, möchte ich nur eine zu Gehör bringen. Konrad Lorenz, der bekannte Verhaltensforscher, hat schon vor vielen Jahren in seinem Buch „Die acht Todsünden der zivilisierten Menschheit" in der Einleitung geschrieben: „Diese Schrift ist eine an die ganze Menschheit gerichtete Aufforderung zu Reue und Umkehr, von der man meinen könnte, daß sie einem Bußprediger, wie dem berühmten Wiener Augustiner Abraham a Santa Clara, besser anstünde als einem Naturforscher. Wir leben aber in einer Zeit, in der es der Naturforscher ist, der gewisse Gefahren besonders klar zu sehen vermag. So wird ihm das Predigen zur Pflicht." Und diese Predigt heißt eben: Es gibt nur eine Zukunft für die Menschheit, wenn wir umkehren. Umdenken, Buße tun, nennt das die Bibel.

Wir bewegen uns mit unserem Thema nicht im säkularen Raum. Es geht um die Aktualität des Pietismus. Dieser ist seit den Tagen Speners (1635–1705) eine geistliche Bewegung im Raum der Christenheit.

Man könnte fragen: Ist die Zeit des Pietismus nicht vorbei? War diese geistliche Strömung nicht Kind einer bestimmten Zeit? Gehört der Pietismus nicht ins 17., ins 18., ins 19. Jahrhundert hinein? Anders gefragt: Paßt der Pietismus überhaupt noch in unsere Zeit?

---

* Vortrag anläßlich des Festaktes zum 100-jährigen Jubiläum des Gnadauer Verbandes am 10. Februar 1988 im Weißen Saal des Neuen Schlosses in Stuttgart.

Mit dem „Pietismus“ verbinden sich für manche in Kirche und Welt mancherlei Vorstellungen. Pietismus, ist das nicht Barock, Gefühl, Innerlichkeit, Weltflucht, Frömmelei, Individualität, Passivität? Oft wird die Meinung vertreten: Pietismus, das ist ein überspanntes, frömmelndes, einseitiges Christentum. Man darf aber freilich den Pietismus nicht von seinen Negativerscheinungen her beurteilen (die nicht zu leugnen sind), wie das leider immer wieder geschieht. Also: Paßt der Pietismus noch in unsere Zeit? Wir leben doch in einer nüchternen Welt. Wir sind zur Weltgestaltung, nicht zur Weltverachtung oder Weltflucht, aufgerufen. Wir leben in einer Welt rationalen Denkens, wenngleich andererseits freilich manche Zeitgenossen, des Rationalismus überdrüssig, sich in einer erstaunlichen Weise neu irrationalen, religiösen Strömungen öffnen. Wir leben in einer technisch-wissenschaftlichen Welt, in einer modernen Massengesellschaft, in der das Gesetz des Starken gilt und der einzelne, trotz gegenteiliger Beteuerungen, in der Masse erstickt zu werden droht. Hinter unserem Thema aber steht kein Fragezeichen. Das Thema, gerade auch das Unterthema „Die Aktualität des Pietismus heute und morgen“, drückt eine Überzeugung aus, daß der Pietismus sehr wohl seine Bedeutung für unsere Zeit hat, wenn er sie nur selber erkennt. Es geht doch um die Sache, die er vertritt, und nicht um seine zeitgeschichtlichen Kleider, die er trägt.

II.

Der „Gnadauer Verband für Gemeinschaftspflege und Evangelisation“ begeht in diesem Jahr 1988 sein 100. Jubiläum. Der Gnadauer Verband versteht sich als eine pietistische Bewegung. Der Verband umfaßt nicht den ganzen Pietismus in Deutschland. Der Pietismus ist breiter und weiter, als er in unserem Verband zusammengefaßt ist. Und doch darf mit aller Bescheidenheit gesagt werden, daß der Gnadauer Verband eines der großen Sammelbecken des innerkirchlichen Pietismus in Deutschland ist.

Der Pietismus ist heute keine geschlossene Größe; das ist er nie gewesen. Die Kirchenhistoriker haben recht, die betonen: „Den Pietismus gibt es nicht". Damit ist zum Ausdruck gebracht, daß es ihn in vielerlei Variationen gibt. Da sind Unterschiede in der biblischen Erkenntnis, in der theologischen Akzentsetzung, in der Frömmigkeitsprägung, in dem geschichtlichen Werden und in der Führung, in der Stellung zur verfaßten Kirche und vieles andere. So ist es von Anfang an gewesen. Man denke nur an die Väter des frühen Pietismus. Was waren das für verschieden geprägte Persönlichkeiten: Spener und Francke, Zinzendorf und Bengel, Tersteegen und Gottfried Arnold.

Diese Vielfalt bedeutet auf der einen Seite einen unendlich großen Reichtum, auf der anderen Seite werden aber dadurch auch Spannungen erzeugt, von denen der Pietismus wahrlich niemals frei war. Der Pietismus war und ist keine heile Welt, etwa nach dem Motto: Hier die kranke Kirche, dort der heile Pietismus. Es hat in ihm immer Irrtümer und Irrwege gegeben. Das einzugestehen, schmälert seine Verdienste nicht, es muß aber um der Ehrlichkeit willen in solch einer Stunde offen zum Ausdruck gebracht werden.

III.

Es ist in solch einem Vortrag nicht möglich, umfassend die Aktualität des Pietismus für heute und morgen darzustellen. Es ist nicht einmal möglich, alle Punkte, die zu nennen wären, auch nur stichwortartig anzureißen.

Dessen bewußt, wage ich es, einige Gedanken auszusprechen und einige Schwerpunkte zu setzen, die mir für die Gegenwart wesentlich erscheinen.

Das hat er aus dem Neuen Testament. Das finden wir beim frühen Pietismus, ich denke etwa an Spener. Ich erinnere an seine Schrift „Von der Hoffnung zukünftig besserer Zeiten". Das rief Spener in eine verunsicherte, müde, depressive Zeit und Christenheit hinein. „Spener hat den Enttäuschten, Entmutigten, Verstimmten, von der Kirche Gekränkten zugerufen, daß es sich lohnt, für die Christenheit einzutreten und in ihrem Dienst zu bleiben. Sie hat die Zukunft." So Erich Beyreuther in seiner Einleitung zu den „Pia desideria". Der Blick ist auf das kommende Reich Gottes gerichtet. Wahre Pietisten sind Reich-Gottes-Leute.

Dabei ist deutlich: *Wir* bauen das Reich Gottes nicht; *wir* vollenden das Reich Gottes auch nicht. Christus, der kommende Herr, wird das Reich Gottes allein vollenden. Er hat mit seinem Kommen, in der Fülle der Zeit, das Reich Gottes gebracht. Er baut es als der gegenwärtige Herr weltweit heute unter uns, indem er durch das Evangelium Menschen zum Glauben an sich selber ruft. Wir sind nur Hilfsarbeiter. Mit Zinzendorf sage ich: „Wir tragen unsere Steine aufs Baugerüst."

Das Neue Testament ruft in dem großen Loblied am Anfang des 1. Petrus-Briefes aus: Christen sind wiedergeboren zu einer lebendigen Hoffnung aufgrund der Auferstehung Jesu Christi von den Toten. Und das durch Gottes Barmherzigkeit.

Wir leben auch heute in einer müde gewordenen Welt, in einer ratlosen, ängstlichen, verunsicherten Welt, in einer problemüberlasteten Welt. Da dürfen und sollen Christen die Träger einer lebendigen Hoffnung sein. Es wird alles noch einmal gut werden. Vater Blumhardt hat das in die Worte gefaßt: „Gott ist nicht der große Kaputtmacher, sondern der große Erneuerer."

Freilich wird heute, etwa im politischen Bereich, der ehrliche Versuch unternommen, der Menschheit neue Hoffnungen zu geben. Gehen wir nicht einem „goldenen Zeitalter" entgegen, wenn – was Hoffnung der Menschheit ist – die Abrüstungsgespräche weitergehen und es zu einer Welt mit immer weniger

Waffen kommt? Sind das nicht Hoffnungszeichen, wenn Politiker sagen: Wir wollen eine Welt schaffen, in der Kriege unmöglich werden? Aber ist damit schon das „Reich Gottes“ auf Erden geschaffen? Können wir Leid und Tod besiegen? Können wir wirklich das Böse in der Welt ausschalten? Gibt es nicht tausend andere Probleme, von denen wir nicht wissen, wie sie zu bewältigen sind? Ist das nicht der alte Irrtum in der Menschheitsgeschichte: Man muß den Menschen nur vernünftig erziehen, dann wird er auch vernünftig handeln?

Der bedeutende Hallenser Theologe Martin Kähler hat einmal davon gesprochen, daß wir den „lebhaften Hoffnungen“ dieser Welt die „lebendige Hoffnung“ entgegenzusetzen haben. Wir warten auf den kommenden Herrn Jesus Christus. Der Pietismus ist eine Bewegung der Hoffnung. Das Leben aus der Hoffnung verführt eben nicht, wie es manchesmal im Pietismus fälschlicherweise geschehen ist, zum Quietismus und zur frommen Träumerei, zur Weltflucht und zur Weltverachtung. Der Blick auf das kommende Reich Gottes bringt eine große Befreiung, er setzt Kräfte frei, er führt zur Gewißheit: Es ist nichts umsonst, was wir im Namen Jesu tun, in welchen Bereichen es auch geschieht.

a) Er befreit von der konfessionellen Enge. Wir lieben unsere Kirche, in die Gott uns hineingestellt hat. Wir leiden heute um sie. Wir ringen um sie. Aber die Konfession, zu der wir gehören, ist nicht das Letzte. Im kommenden Reich werden die Konfessionen aufgehoben sein, denn dann ist alles Stückwerk unserer Erkenntnis abgetan.

b) Der Blick auf das Reich befreit aber auch von einer frommen Nostalgie, von einem Heimweh nach vergangenen Zeiten. So gewiß wir die Geschichte Gottes mit unseren geistlichen Vätern und Müttern weder verachten noch vergessen dürfen, denn es ist eine Segensgeschichte, die Gott gestaltet und geprägt hat, so wenig dürfen wir diese Geschichte verklären oder in ihr hängenbleiben. Denn die Geschichte ist eben auch der Weg, den Gott mit begnadigten Sündern und nicht mit vollkommenen Heiligen gegangen ist. Darum ist der Weg nicht nur gekennzeichnet von den göttlichen Segnungen, sondern auch von menschlicher Schuld.

c) Der Blick auf das kommende Reich befreit aber auch von einem übermächtigen Struktur- und Organisationsgebaren. Der Pietismus will Bewegung sein. Er weiß, daß man in dieser Welt der „Tische und Bänke" nicht ohne menschliche Ordnungen auskommen kann. Aber das ist nicht das Wesentliche. Der innerkirchliche Pietismus muß nicht Kirche werden. Er darf nicht Kirche werden, Kirche im Sinne einer strukturell gefaßten Größe. Er muß als Bewegung, die immer in der Spannung zwischen Ereignis und Institution steht, das festhalten: „Trachtet zuerst nach dem Reich Gottes ..." Er muß das laut predigen in Kirche und Welt. Er muß „die Zukunft besserer Zeiten verkündigen", bei aller Betonung auch der Nöte und Nächte, durch die wir im endzeitlichen Gefälle noch gehen werden.

d) Der Blick auf das kommende Reich befreit auch von allen eschatologischen Engführungen, in welcher Gestalt sie uns auch begegnen mögen. So gewiß der Christ sich freuen darf auf seine persönliche Heilsvollendung, so gewiß darf darüber der Blick für das Große und Letzte, eben das kommende Reich, nicht aus dem Auge verloren werden. Die Reichsbitte des heiligen Vaterunsers ist eine Hauptbitte im Pietismus: „Dein Reich komme!"

Ich sage noch einmal: Diese Hoffnung auf das kommende Reich setzt Kräfte frei für das Heute und für das Morgen.

2. Der Pietismus ist eine Jesus-Bewegung

Klaus Bockmühl schreibt in seiner Schrift „Die Aktualität des Pietismus": „Zu den Besonderheiten des Pietismus, die uns in der Verwirrung der Gegenwart wiederum Wegweisung oder doch

Anregung zum Nachdenken und zur Orientierung geben können, gehört seine eigentümliche Konzentration auf Jesus. Im Pietismus ist immer das persönliche Verhältnis zu dem lebendigen, gegenwärtigen Jesus Christus betont worden. Der Christ lebt in der Gemeinschaft mit Jesus Christus ..."

Ich möchte das in einer dreifachen Weise verdeutlichen, was das für heute und morgen bedeuten sollte:

a) Wir müssen im Pietismus neu lernen, mit Jesus zu denken

Von den pietistischen Vätern ist uns ins Stammbuch geschrieben worden, daß „Lehre und Leben" zusammengehören. Der Pietismus war am Anfang auch eine theologische Lehrbewegung. Denken wir daran, daß die pietistische Bewegung von bedeutenden Theologen geführt und geprägt worden ist. Ich darf hier nur an den Vater des lutherischen Pietismus, Philipp Jakob Spener, erinnern. Im Spener-Jubiläums-Jahr 1985 ist davon gesprochen worden, daß Spener nicht nur Schüler Luthers war, was Spener ja selber immer wieder unterstrich, sondern daß er als Partner Luthers gesehen werden muß. Ich denke daran, daß August Hermann Francke Theologieprofessor in Halle gewesen ist. Ich denke an Friedrich August Tholuck, an Theodor Christlieb. Ich denke an theologische Lehrer, die sich dem Pietismus verbunden wußten, wie Hermann Cremer, Martin Kähler, Julius Schniewind, Adolf Schlatter, Otto Schmitz und Karl Heim, um nur einige Namen zu nennen. Hans-Joachim Kraus schreibt in seinem Buch „Julius Schniewind – Charisma der Theologie": „Durch Martin Kähler wurde Schniewind in seiner Liebe zum Pietismus gestärkt. Kähler kannte keinen Gegensatz von Reformation und Pietismus. Kähler und Schniewind fordern auf zu einer neuen, eindringlichen Beschäftigung mit dem Pietismus."

Es geht heute wieder darum, daß der Pietismus sich um die Theologie kümmert. Der Pietismus braucht eigene Theologen.

Der Pietismus darf nicht a-theologisch, schon gar nicht antitheologisch eingestellt sein. Klaus Bockmühl hat verschiedentlich betont, daß dem Pietismus wieder lehrmäßig Präsenz gegeben werden muß. Das ist sicher eine schwere Aufgabe. Aber es ist eine wichtige und lohnende Aufgabe. Der Pietismus darf das Feld der Theologie nicht einfach preisgeben.

Mit Jesus denken, das muß geschehen auf dem Grund der Heiligen Schrift. Der Pietismus ist immer Bibelbewegung gewesen. Wir beugen uns in Ehrfurcht unter die Autorität der Heiligen Schrift als des Zeugnisses von der Offenbarung des lebendigen Gottes. Wir nehmen die ganze Heilige Schrift ernst, so wie es Gott gefallen hat, sie uns zu geben. Dabei sind zwei Gesichtspunkte für uns entscheidend: Wir verstehen die Schrift von ihrer Mitte her. Die Mitte aber ist Jesus Christus, das fleischgewordene Wort Gottes. Zum andern wollen wir beachten, daß – nach den Worten Bengels – die Schrift ein Organismus ist, ein Ganzes. Wir beachten deshalb – und das haben wir ja gerade bei den Schwabenvätern gelernt – auch den roten Faden der Heilsgeschichte, der sich durch die Schrift hindurchzieht.

Martin Kähler hat bekanntlich davon gesprochen, daß es das Verdienst des Pietismus war, daß er die reformatorische Fragestellung in den Kirchen der Reformation wachgehalten hat. Ob das heute im Pietismus noch so ist? Julius Schniewind war der Meinung, „daß hinter allen Sorgen und Fragen, die uns bewegen, die eine Hauptfrage steht, unveränderlich und immer neu aktuell: Wie bekomme ich einen gnädigen Gott? Es ist die Frage nach der Heilsgewißheit, die aus der ‚Unheilsgewißheit' herausführen kann – jene Frage, die der Pietismus wachgehalten hat, als sie in Orthodoxie und Rationalismus zu verstummen drohte."

An Themen des theologischen Nachdenkens fehlt es heute wahrlich nicht. Ob es exegetische Fragen sind oder dogmatische und ethische Fragestellungen. Welche Herausforderungen liegen heute gerade auf diesen Gebieten. Ob es die historischen oder die praktischen Fragen betrifft – hier liegt ein weites Feld! Der Pietismus darf nicht denkfaul sein, schon gar nicht denkängstlich.

Christus hat auch unser Denken erlöst. Der Heilige Geist will unser Denken bestimmen. Klaus Bockmühl stellt fest: „Engherzigkeit ist kein Erbe des Pietismus, sondern eine Degenerationserscheinung." In seinem Flugblatt „Der Dienst der Theologie" schreibt Klaus Bockmühl: „Die Enthaltsamkeit des neueren Pietismus in puncto Theologie ist lebensgefährlich. Derzeit beantwortet er die falsche Lehre mit einem weitgehenden Verzicht auf Lehre überhaupt, und er gleicht darin dem Gast, dem der Kellner verdorbenes Essen vorsetzt, und der, nachdem er gekostet und abgelehnt hat, bei sich beschließt, gar nichts mehr zu essen. Sein zunehmender Verfall und sein Hinschied ist da nur noch eine Frage der Zeit."

Es ist Horst Georg Pöhlmann recht zu geben, wenn er in einem Aufsatz „Erweckung als Aufgabe der Theologie" schreibt: „Eine erweckte Theologie ist wach für die Nöte und Probleme des heutigen Menschen, gibt auf seine Fragen Antwort vom Worte Gottes her. Eine erweckte, aufgeweckte Theologie schläft nicht, sie verschläft nicht die Zeit, wie sie auch den Tag Christi nicht verschläft ..."

b) Wir wollen mit Jesus leben

Wir müssen neu darüber nachdenken, was es heißt: „Wer ist ein Pietist? Der Gottes Wort studiert und nach demselben auch ein frommes Leben führt."

Es geht dabei um die Frage der Heiligung im Leben des Christen. Der Pietismus ist eine Heiligungsbewegung. Freilich hat es im Pietismus immer wieder manche verkrampfte Heilige, freudlose Heilige, ängstliche Heilige gegeben. Wir dürfen nicht einer gesetzlichen Heiligung verfallen, wie das die Gefahr im Pietismus immer wieder gewesen ist. Eines der Hauptthemen bei der ersten Gnadauer Konferenz 1888 war: „Was lehrt die Heilige Schrift über die Heiligung?" Was heißt das: „Heiligung aus dem Evangelium?", das ist die entscheidende Frage.

Ein Leben der Heiligung ist ein Leben mit der Bibel und ein Leben aus dem Gebet. Der Pietismus muß sich um die Bibelverbreitung und um das Bibelverständnis kümmern. Es ist seine Aufgabe, dafür zu sorgen, daß unser Volk kein bibelloses Volk wird. Er hat mit der Kirche, in der Kirche, vielleicht da und dort auch gegen die Kirche, darum zu ringen, daß die Bibel den Kindern bekanntgemacht wird. Nicht problemorientiert, sondern bibelorientiert muß die Unterweisung der Kirche bleiben. Die Bibel neu liebzumachen, sie neu ins Gespräch zu bringen in unserer Gesellschaft – dazu bedarf es einer reichen Phantasie der Liebe. Ebenso muß der Pietismus immer neu sagen, daß man mit Gott reden kann und reden darf. Mit Menschen beten und Menschen Hilfe zum Beten geben, das ist eine hohe Aufgabe. Es beten mehr Menschen, als wir ahnen. Aber was beten sie, und zu wem beten sie? Und es möchten mehr Menschen beten, als wir ahnen, aber sie können es nicht oder nicht mehr. Der Pietismus muß es wieder lernen, darum zu ringen, daß wir fromme Pfarrer bekommen. Im Konfirmandenunterricht muß wieder die Einübung in die „praxis pietatis", in eine christliche Lebensgestaltung, geschehen. Der Pietismus muß unaufhörlich die Frage stellen: Was ist die Mitte des kirchlichen Gemeindelebens? Von einer 12-Minuten-Predigt Sonntag morgens kann der Christ nicht leben. Manche christlichen Gemeinden ersticken an ihren Aktivitäten und verhungern im Blick auf das geistliche Leben. Es geht bei der Heiligung um das Wachsen im Glauben und in der Liebe. Christus will in uns Gestalt gewinnen, wie Paulus das im Galaterbrief formuliert. Gott will Heilige im Gewande des 20. Jahrhunderts.

Mit Christus leben heißt aber auch, mit ihm in der Gemeinschaft leben. Die Verwirklichung dessen, was Gemeinschaft ist, spielt in einer Zeit der Massengesellschaft, in der der einzelne zu vereinsamen droht, eine wesentliche Rolle. Wie viele Menschen sind allein mit ihren Problemen und Fragen, mit ihren Ängsten und Sorgen. Im Pietismus wurde „Gemeinschaft" gepflegt. Der kleine Kreis spielt eine entscheidende Rolle. Gemeinschaft will in den „Gemeinschaften" verwirklicht werden. Sie sollen Stätten der offenen Tür sein. Sie sollen Orte des Austausches und des Gesprächs bleiben oder neu werden. Sie sollen Orte der Geborgenheit für fragende und suchende Menschen sein. Sie sollen Orte der Wegweisung, Orte der Seelsorge sein, Orte des Angenommen- und Ernstgenommen-Werdens. Sie sollen, zusammengefaßt gesagt, Orte sein, an denen sich das verwirklicht, was im 4. Kapitel des 1. Petrusbriefes steht: „Dient einander, ein jeder mit der Gabe, die er von Gott empfangen hat ..." Die Gemeinschaften sollen Orte der Einübung ins geistliche Leben und der Zurüstung zum Dienst für Jesus sein. Heiligung – das meint nicht nur unser persönliches Leben, sondern auch unser gemeinsames Leben.

c) Wir wollen mit Jesus wirken

Wir wollen im Pietismus immer wieder betonen, daß wir den Alltag nur dann bewältigen können, wenn wir aus der Stille kommen. Es geht aus der Konzentration in die Aktion, aus dem Hören zum Gehorchen, aus der Begegnung mit Gott in die Begegnung mit den Menschen. Dieses „Mit Jesus wirken" möchte ich in einer zweifachen Weise andeuten.

Der Pietismus ist *missionarische Bewegung*. Ich möchte nur erwähnen, daß in pietistischen Kreisen immer auch die Verantwortung für die Äußere Mission gesehen und praktiziert worden ist. Weil im Pietismus der Missionsbefehl Jesu ernstgenommen wird, kann er nicht schweigen, wenn in der Mission der Ruf zur Bekehrung zu Christus unterschlagen wird. Missionarische Bewegung – das meine ich aber jetzt im Blick auf die Evangelisation im eigenen Land. Im Pietismus weiß man, daß die Evangelisation viele Wege gehen muß und darf. Man weiß aber auch, daß alle Evangelisation ein Ziel hat, das Paulus im 1. Korintherbrief im 9. Kapitel in die Worte faßt: ‚Ich will Menschen für Christus gewinnen.' In der Tat ist das Ziel unseres evangelistischen Bemühens, daß Menschen sich zu Christus bekehren, daß sie das neue Leben bei Christus finden, d.h., die Wiedergeburt erfahren und Christus nachfolgen. Dabei hat im Pietismus gerade auch das persönliche Zeugnis von Christus immer eine wichtige Rolle gespielt. Wir haben als Gnadauer Verband die Losung über das Jubiläumsjahr gesetzt „Schritte zum Nächsten“ und wollten dadurch die Wichtigkeit und die Effektivität der persönlichen Evangelisation unterstreichen.

Wir sind dankbar, daß in der Kirche die Evangelisation neu entdeckt worden ist und weithin auch gefördert wird. Freilich ist es eine unaufgebbare Aufgabe des Pietismus, daß er in der Kirche immer wieder darauf hinweist, daß Evangelisation in den biblischen Linien bleibt. Die Speerspitze der Evangelisation, nämlich der einladende Ruf zum Glauben an Christus, darf nicht abgebrochen werden.

Das aber sollte auch nicht vergessen werden, daß im Pietismus die *Diakonie* eine wesentliche Rolle spielt. Wir sprechen von einer missionarischen Diakonie. Der Glaube soll in der Liebe tätig werden. Hier ist ein weites Feld der Betätigung. Die Liebe ist die Sprache, die der Mensch auch heute versteht. Kann nicht gerade die Tat der Liebe zu einer Brücke für das Evangelium werden?

Der Pietismus muß sich fragen, wo die besonderen Felder der diakonischen Betätigung heute liegen.

Wir wollen uns von August Hermann Francke sagen lassen, „daß der Glaube, der durch die Liebe tätig ist, eine höhere und herrlichere Gabe sei als hohe Offenbarungen und Entrückungen in den dritten Himmel“.

Was in früheren Zeiten pietistische Väter und Mütter auf dem diakonischen Felde angeregt, angepackt und aufgebaut haben, hat heute weithin der Staat in seine soziale Verantwortung genommen. Freilich bleibt auch da, wo der Staat seine sozialen Verantwortungen wahrnimmt, noch vieles für die Diakonie zu tun übrig. Oder sind christliche Krankenhäuser, Altenheime, Kindergärten, Häuser für Behinderte u.ä. überflüssig? Weil im Pietismus auch die „Kleinarbeit“ unterstrichen worden ist, wird es nötig sein, daß in der Hilfeleistung von Mensch zu Mensch, in der

Nachbarschaftshilfe u.ä., unangestrahlt vom Rampenlicht der Öffentlichkeit, die Christusliebe sich verleiblicht.

Nicht unerwähnt soll bleiben, daß diakonisches Handeln auch hineinreicht in die Bereiche der Öffentlichkeit, auf die Felder des politischen und des gesellschaftlichen Lebens. Die Bereiche von Schule, Erziehung und Bildung sind von uns neu entdeckt worden.

Aber müßten Männer und Frauen aus dem Bereich des Pietismus sich nicht auch sachgerecht dort engagieren, wo es um die Rechte und Pflichten, um die Würde des Menschen und um die Erhaltung der Schöpfung geht? Der Pietismus darf kein gestörtes Verhältnis zum ersten Glaubensartikel haben, denn der erste Artikel gehört zu unserem Glauben wie der zweite und der dritte.

Diakonie des Pietismus im gesellschaftlichen Leben – das ist ein Gebiet, das von uns kaum gesehen wird. Und doch dürfen Worte wie Gerechtigkeit, Freiheit, Friede, Nächstenliebe nicht nur in die inneren Bezirke unseres eigenen frommen Lebens oder unseres Gemeinschaftslebens abgedrängt werden. Wir sind als Pietisten eben auch Bürger eines irdischen Staates, gerufen, wo möglich, zur verantwortlichen Mitarbeit und zur kritischen Begleitung. Die frühen pietistischen Väter hatten die Losung: „Die Wiedergeburt führt zur Weltverantwortung." Müssen wir sie heute nicht zurückgewinnen?

IV.

Zusammengefaßt sei gesagt: Ich sehe für den Pietismus in Volk und Kirche einen dreifachen Dienst. Ich bin der Überzeugung, daß Staat und Kirche davon leben, daß dieser Dienst wahrgenommen wird.

1. Es geht um den Dienst des Priesters

Das Volk Gottes ist ein priesterliches Volk. Das sollte man im Pietismus neu erkennen und praktizieren. Es geht hier im wesentlichen um den Dienst heiliger Fürbitte und um den Dienst des Segnens. Wir brauchen in Volk und Kirche betende und segnende Menschen. Das aber hängt mit der Heiligung zusammen.

2. Es geht um den Dienst des Zeugen

Christus muß in Volk und Kirche bezeugt werden. „In Wort und Werk und allem Wesen", wie Tersteegen es besungen hat, muß Christus unter die Leute gebracht werden. „Ihr werdet meine Zeugen sein", so heißt die Losung über dem Gnadauer Jubiläumsjahr in der Bundesrepublik Deutschland. Es geht darum, daß wir im Pietismus uns nicht ängstlich verkriechen. „Ihr werdet die Kraft des Heiligen Geistes empfangen und werdet meine Zeugen sein ...", sagt der auferstandene Herr. Das hat mit der Evangelisation in vielfältiger Gestalt zu tun.

3. Es geht um den Dienst des Wächters

Der Pietismus darf sich nicht scheuen, in geistlicher Weise sein kritisches Wort zu sagen. Er darf nicht schweigen, wenn er Gefahren erkennt und in Kirche und Staat falsche Weichenstellungen vorgenommen werden. Er darf nicht schweigen zur Sünde. Es laufen heute viele Schwärmer in Volk und Kirche herum. Es laufen viele Verführer in Volk und Kirche herum. Da darf das offene Wort nicht gescheut werden, nicht aus liebloser Besserwisserei, sondern aus dem Gewissen, das gefangen ist in Gottes Wort. Dabei kann solcher Wächterdienst nie geschehen aus der Position der Sicherheit oder der Überheblichkeit. Er kann immer nur geschehen in dem Wissen um die eigene Gefährdung und um die

Möglichkeit der eigenen Irrung. Das hängt mit der Theologie und der „Weltverantwortung“ zusammen.

V.

Wenn der Pietismus zur Umkehr ruft, damit wir Zukunft gewinnen, dann muß er selber in der Umkehr stehen. Der Pietismus kann nur Erweckungs- und Heiligungsbewegung sein, bleiben oder wieder werden, wenn er Bußbewegung ist. Da trifft er sich mit Martin Luther und der ersten seiner 95 Thesen: „Wenn unser Herr und Meister Jesus Christus sagt: ‚Tut Buße‘, so will er, daß das ganze Leben seiner Gläubigen auf Erden eine stete Buße sein soll.“ Der Pietismus ist nie sicher vor Verflachung und Verengung, einem Abgleiten auf Nebenkriegsschauplätze, einem ängstlichen Sich-Verkriechen in eine defensive Haltung; er ist nie sicher vor einem Verfallen an den Zeitgeist, einer Verirrung in die Separation oder in die Sektiererei. Gerät er auf diese Abwege, dann begibt er sich jeglichen geistlichen Einflusses auf seine Zeit.

Wir sind zur Buße gerufen. Nur wer in der Buße steht, kann glaubwürdig zur Buße rufen. Der Pietismus muß Jesus-Bewegung bleiben und sich immer neu zu Jesus bekehren, dann ist er frei für die Aufgaben des Tages, dann kann er heute mit Christus denken, mit Christus leben, mit Christus wirken.

Gott ruft den Menschen zur Umkehr

Bekehrung als ein Hauptwort des biblischen Zeugnisses

Thesen und Erläuterungen

Vorbemerkungen

1. Die Erneuerung der Kirche geschieht nicht durch neue Programme, Ordnungen, Strukturen und Verfassungen, sondern durch erneuerte Menschen. Sie geschieht auch nicht durch religiöse Wellen oder ein enthusiastisches Christentum, sondern nur durch geistgewirktes Leben aus Gott.

Erläuterung:
Wir ringen um die Erneuerung der Kirche. Wir Pietisten wollen die Kirche weder abschreiben noch verdammen. Es ist unsere Kirche, unter der wir oft leiden, aber die wir nicht loslassen wollen. Wir sehen, wie unsere Kirche sich um den Menschen müht auf vielfältige Weise. Wir sehen, wie sie diesen Menschen von heute zu gewinnen sucht. Manchmal fragen wir allerdings: Wofür will sie ihn gewinnen? Wir erleben, wie die Kirche seit Jahren sich um eine Erneuerung bemüht. Neue Verfassungen, neue Strukturen, neue Gottesdienstordnungen, neue Agenden wurden geschaffen. Wir achten das alles nicht gering. Aber wie sieht es um die innere Substanz der Kirche aus? Auch hier betreiben wir keine Schwarzmalerei. Gott hat hin und her Aufbrüche geschenkt. Aber warum sind so manche Aufbrüche geistlicher Art neben der Kirche oder in Distanz zu ihr? Wir beobachten, wie die Kirche da und dort ihre Hoffnung auch auf mancherlei religiöse Bewegungen und sogenannte charismatische Aufbrüche setzt. Im Grunde

genommen geschieht Erneuerung der Kirche aber immer nur dort, wo Menschen durch Wiedergeburt oder Bekehrung zum Leben aus Gott gekommen sind.

2. *Wer eine erneuerte Kirche will, darf die Botschaft von Wiedergeburt oder Bekehrung nicht unterschlagen. Gerade die marxistische Welt fragt heute nach dem neuen Menschen. Die Predigt von der Wiedergeburt oder Bekehrung zeigt auf und erfährt, daß der neue Mensch nicht nur Wunsch, Traum, Utopie bleiben muß, sondern daß er Wirklichkeit werden darf in dieser alten Welt.*

Julius Schniewind (1883–1948) hat gesagt: „Alle christliche Predigt ist Bekehrungspredigt, wenn sie recht ist, auch wenn sie die Vokabel ‚Bekehrung' nur sehr sparsam anwendet. Wo von Buße und Glauben recht geredet wird, von Gottes Wendung zu uns, wo uns das Glaubenlernen beschrieben wird; überall, wo es um das Erwachen vom Todesschlafe geht (denn das heißt „Erweckung"), wo es um unser Leben und Sterben, um unsere Existenz, um Erneuerung oder Wiedergeburt geht; wo von Sündenvergebung, Errettung, vom Frieden Gottes, von der Gnade Gottes recht gesprochen wird, da ist Bekehrungspredigt." (Das biblische Wort von der Bekehrung, in: Pietismus und Theologie, 1956).

Erläuterung:
Evangelische Predigt muß die Zentralaussagen der Bibel ohne Abstriche und Umdeutungsversuche zu Gehör bringen, wie sie etwa in den bereits zum Bekenntnis gewordenen Sätzen in 1.Kor 15,3.4 zum Ausdruck kommen: „Daß Christus gestorben ist für unsre Sünden nach der Schrift; und daß er begraben ist; und daß er auferstanden ist am dritten Tage nach der Schrift." Zentralaussagen der Schrift sind die „großen Taten Gottes" (Apg 2,11). Die Mitte der Schrift ist der „Christus für uns". Wilhelm Busch hat einen Aufsatz geschrieben über das Thema: „Wie predigen wir Römer 3 erwecklich?" Bekehrungspredigt ist Christuspredigt. Der zum Teil trostlose geistliche Zustand unserer Kirche sowie die

Herausforderungen von Religionen und Ideologien nötigen uns, neu über die Botschaft von der Erneuerung des Menschen nachzudenken.

3. *Bei aller Kritik an der pietistischen Bekehrungspredigt sollte man doch die Aussage Martin Kählers (1835–1912), zu der sich z.B. sein Schüler Julius Schniewind ausdrücklich bekannte, nicht außer Acht lassen, daß es das Verdienst des Pietismus sei, die reformatorische Frage nach dem „gnädigen Gott" in der Kirche wach und lebendig gehalten zu haben. Diese Frage aber ist die Frage nach der Rechtfertigung in ihrer objektiven und subjektiven Gestalt.*

Erläuterung:
Es geht hier nicht um die Apologie des Pietismus. Wir werden auf die Gefährdungen noch hinweisen, die das, was „Bekehrung" ist, im Pietismus bedroht haben. Aber der Pietismus, wie er sich etwa auch in der Gemeinschaftsbewegung in unserem Land gefunden hat, möchte so etwas sein wie ein geistlicher Unruheherd, der unablässig auf das Zentrum hinweist: Die Nr. 1 ist nicht der gnädige Nächste, sondem der gnädige Gott. Die Mitte ist nicht Jesus als menschliches Vorbild, sondern Jesus Christus, der Gekreuzigte. Die wichtigste Frage ist nicht die nach der Weltveränderung, sondern nach der Erneuerung des Menschen, den Gott nicht im Kollektiv sterben lassen will. Die Nr. 1 ist nicht die Frage nach unserem Glück, sondern die Frage nach der Lösung von unserer Schuld.

I. Biblisch-theologische Gedanken zum Thema

1. Biblische Aussagen zur Frage der Bekehrung

1.1 Im Alten Testament ergeht an das ganze Volk Israel wie auch an den einzelnen im Volk der Ruf zur Buße. „Tut Buße" heißt:

Bekehrt euch! Das aber heißt immer: Kehrt euch ab von den Göttern, kehrt heim zu dem Gott der Väter des Bundes!

Erläuterung:

- Gott selber will die Umkehr seines Volkes oder des Gläubigen (z.B. Hes 18,23; 33,11).
- Gott läßt zur Umkehr rufen durch das Wort, das er den Propheten anvertraut (z.B. Jes 55,7; Jer 25,5; Hes 18,32; Hos 14,2; Joel 2,12).
- Gott will nicht moralische Besserung oder Änderung des Kultus, sondem Heimkehr in den Bund und damit unter seine Herrschaft, d.h. aber Heimkehr in die Gnade (z.B. 1 Sam 7,3; Mal 3,7).
- Schon im Alten Testament finden wir die Paradoxie, die im letzten von uns nicht aufgelöst werden kann: Einerseits wird der Mensch aufgefordert, den Willensentschluß zu fassen und die Umkehr zu vollziehen; andererseits stehen wir vor der Tatsache, daß der Mensch unfähig ist, sich selber zu bekehren: „Bekehre du mich, so will ich mich bekehren" (Jer 31,18). Unbefriedigt bleibt die Auskunft, daß der Ruf, besser die Aufforderung zur Bekehrung nur pädagogische Bedeutung habe, um uns die Unmöglichkeit der Erfüllung dieses Befehles zum Bewußtsein zu bringen. Wir werden dieses Paradox verstandesmäßig nicht lösen können.
- Deutlich aber ist: Die Initiative geht immer von Gott aus. Weil er sich seinem Volke zuwendet, darum kann es zu ihm kommen.
- Es wird auch deutlich, daß der Mensch sich dem Ruf zur Bekehrung verschließen kann, so daß es zur Verstockung des Menschen kommen kann (z.B. Jes 6,10; Am 4).
- Das Alte Testament endet mit der Verheißung der grundlegenden Erneuerung der Herzen in der messianischen Heilszeit (z.B. Hes 36. 26f., Jer 31,33f).

1.2 Im Neuen Testament wird der Bußruf aufgenommen von Johannes dem Täufer, von Jesus und den Aposteln. Auch im

Neuen Testament muß der Ruf „Tut Buße" besser wiedergegeben werden mit „Bekehrt euch".

Erläuterung:

- Sowohl Johannes der Täufer als auch der Herr selbst begründen den Ruf zur Umkehr mit dem Hinweis, daß Gottes Herrschaft vor der Tür steht oder angebrochen ist (Mt 3,2; Mk 1,15). Die Umkehrenden tauft Johannes mit Wasser zur Buße und macht damit deutlich, daß der alte Mensch sterben muß, weil er des Todes schuldig ist. Jesus erfüllt, was Johannes erwartet: Er schenkt die Vergebung der Sünden und den Heiligen Geist. Der Ruf: „Bekehrt euch!" bedeutet: Weil Gott sich zu euch gekehrt hat in der erfüllten Stunde der angebrochenen Gottesherrschaft, darum kehrt euch nun zu ihm.

- Bei Jesus wird der Ruf zur Bekehrung mit der Freude in Verbindung gebracht. Man beachte die drei großen Gleichnisse Jesu in Kap. 15 des Lukas-Evangeliums. Gerade in diesen drei Gleichnissen werden immer die beiden Linien deutlich: Das Schaf und der Groschen sind ganz passiv; sie werden gesucht und gefunden. Der verlorene Sohn, der bei den Schweinen ist, kommt zur Besinnung und macht sich auf den Heimweg. „Bekehrung ist Freude", sagt Julius Schniewind. „Es ist Freude, daß wir zu Gott heimkehren dürfen."

- Es muß beachtet werden, daß in den Evangelien die zur Bekehrung kommen, die um ihre Verlorenheit und Verschuldigung wissen und die Gott recht geben, wenn er sie schuldig spricht und verdammt. Die Zöllner und Sünder werden die Ersten sein und mit Abraham im Reich Gottes sitzen. Die Frommen lehnen den Ruf zur Bekehrung ab. Wer meint, gerecht und fromm zu sein, muß sich nicht bekehren. So bleiben die Frommen unter dem Gesetz, während die bekehrten Sünder aus der Freude des Evangeliums leben. Aus Sündern sind Kinder geworden, während die Frommen Knechte bleiben.

- Die Apostel lassen den Bekehrungsruf an Juden und Heiden ergehen (Apg 2,38; 3,19; 5,31; 11,18; 17,30; 26,20). Beide müssen sich bekehren, wenn sie dem Gericht Gottes entgehen wollen und Anteil an Gottes Herrschaft haben wollen. Im Blick auf die tatsächlichen Bekehrungen in der Apostelgeschichte sind die genauen Formulierungen sehr aufschlußreich:

Apg 11,18: „So hat Gott auch den Heiden die Buße gegeben, die zum Leben führt" (vgl. 2.Tim 2,25).

Apg 14,27: „... und daß er den Heiden hätte die Tür des Glaubens aufgetan."

Apg 2,47: „Der Herr aber tat hinzu täglich, die gerettet wurden, zu der Gemeinde."

Apg 16,14: „... dieser tat der Herr das Herz auf, daß sie darauf achthatte, was von Paulus geredet ward."

Alle diese Stellen zeigen: Gott ist am Werk, darum ist Bekehrung möglich.

- In den apostolischen Briefen wenden sich die Schreiber an Bekehrte, also an Menschen, die Christen geworden sind. Die Bekehrten werden an ihre Bekehrung erinnert (1.Kor 15,1; 1.Thess 1,9f; Eph 2,1ff; 1.Petr 2,25). Die Bekehrung wird als ein unerhörter Herrschaftswechsel und Existenzwandel dargestellt.

Röm 6: Aus der Herrschaft der Sünde unter die Herrschaft Gottes.

Eph 5: Aus der Finsternis ins Licht.

1.Thess 1: Von den Abgöttern zum lebendigen Gott.

- Nach dem Zeugnis des Neuen Testamentes ist die Bekehrung ein einmaliges Erlebnis, mit dem das Christenleben beginnt. Die Bekehrung ist der Eintritt durch die schmale Pforte auf den Weg in die Nachfolge Christi. Wenn der erhöhte Herr oder die Apostel die Gläubigen zur Buße rufen, dann deswegen, weil sie vor Verführungen, Versuchungen, Verirrungen, vor Sünde und Rückfall nicht sicher sind, so lange sie auf dieser Erde leben. Buße tun heißt dann: Geht zurück in die Ausgangsstellung (Offb 2,2)! Beugt euch vor Gott angesichts eurer verkehrten Wege.

1.3 Im Heilshandeln Gottes am Menschen sind Wiedergeburt und Bekehrung nicht zwei verschiedene Akte, sondern ein- und derselbe Akt. Beide Worte setzen verschiedene Akzente, meinen aber den gleichen Vorgang.

Erläuterung:

- Der Begriff der Wiedergeburt (auch „von neuem geboren sein“, „aus Gott gezeugt sein“, „von oben geboren sein“) sagt vornehmlich folgendes aus:

Die Alleinaktivität Gottes bei der Rettung des Menschen wird dadurch eindeutig zum Ausdruck gebracht. Wir haben uns nicht geboren. Wir sind geboren worden. Im Blick auf die Wiedergeburt wird demnach im NT nie imperativistisch gesprochen.

Dieses Wort drückt eindeutig die Neuheit im Leben des Christen aus. Der alte Mensch steht unter der Gerichts- und Todesverfallenheit. Er kann nicht gebessert oder repariert werden. Dem Wort „Wiedergeburt“ kommt das Wort von der „neuen Schöpfung“ (2.Kor 5) gleich.

Dieses Wort betont die Geschichtlichkeit des neuen Lebens. Geburt ist ein Akt, nicht ein lebenslanger Prozeß.

Dieses Wort zeigt auf, daß wir in ein neues Verhältnis zu Gott gekommen sind, das in einem Vater-Kind-Verhältnis besteht.

- Der Begriff „Bekehrung“ zielt stärker auf den Menschen ab.

Auch bei diesem Wort liegt die Initiative bei Gott.

Der Mensch aber ist nicht ein „Marmorklotz“ (Hans Dannenbaum). Er ist ein lebendiges Wesen.

Auf den Ruf Gottes hin muß der Aufbruch des Menschen erfolgen. Das treffende Beispiel dafür liefert der verlorene Sohn (Lk 15).

Der Mensch kann sich dem Ruf und Zugriff Gottes entziehen. Er kann „Nein“ sagen. Er kann in der Unbußfertigkeit verharren.

Ich schließe diesen Abschnitt mit einem Text von Hans Dannenbaum (1895–1956): „Diese Zweipoligkeit wird auf jeder Stufe der Heilsordnung deutlich. Gott rüttelt den Schläfer wach, aber der Mensch muß aufwachen. Gott läßt das helle Licht des Evangeliums in die Dunkelkammer des Herzens fallen, aber der Mensch muß seine Augen aufmachen, damit er sehen kann. Gott vollzieht in der Bekehrung die entscheidende Operation, aber der Mensch muß ‚Ja' dazu sagen und an sich wirken lassen. Gott schenkt den Heiligen Geist, aber der Mensch muß ihn fassen und ergreifen. Gott stellt in der Erneuerung den Menschen sozusagen auf die Beine, aber der Mensch muß nun Tritte tun und im Gnadenstande wandeln. Gott erhält den Wiedergeborenen im Glauben, aber der Mensch muß in Christus bleiben und beharren. Gott macht das Herz fest und macht den Christen reif, aber der Mensch muß dem Winzermesser des himmlischen Gärtners stillehalten." (Aus: Ich bin der Herr, dein Arzt).

2. *Systematische Aussagen zu Wiedergeburt und Bekehrung*
(Oder: Was geschieht unter der Verkündigung des Evangeliums?)

2.1 *Die Berufung: Gott ruft den Menschen zur Umkehr und Heimkehr durch die Verkündigung des Evangeliums, das rettende Kraft besitzt.*

Erläuterung:

- Es ist die Aufgabe der Zeugen Jesu, das Evangelium zu verkündigen als die Botschaft von der Versöhnung (2.Kor 5). Evangeliumspredigt ist Christuspredigt in dem Sinne, daß der Sohn Gottes bezeugt wird als Heiland der Verlorenen, als Arzt der Kranken, als Erlöser und Befreier der Gebundenen, als Versöhner der Gottlosen und Verschuldeten. Evangeliumspredigt ist Bezeugung der „theologia crucis".
- Das Evangelium beinhaltet immer den göttlichen Indikativ und den göttlichen Imperativ. Der Imperativ steht nie an erster Stelle, sonst wird aus dem Evangelium ein neues Gesetz, aus Chri-

stus aber ein neuer Mose. Das aber wäre Verfälschung des ganzen Evangeliums. Der Indikativ aber besagt: Gott hat gehandelt in dem einmaligen Christusereignis zur Rettung der Welt. Gott handelt heute, indem er durch die Verkündigung des Evangeliums uns in dieses Heilsgeschehen mit hineinnehmen will zu unserer Errettung. Der Imperativ aber besagt: Es gibt nicht eine automatische Errettung aller Menschen. Das Evangelium will ergriffen und im Glauben angenommen werden (2.Kor 5). Nach dem Indikativ folgt der Imperativ: „Laßt euch versöhnen mit Gott!"

- Das Evangelium bleibt nicht totes Wort, weil Gottes Heiliger Geist sich mit ihm verbindet und verbündet. So wird das Wort Geist und Leben und damit zur „viva vox evangelii". Durch das geistgeladene Wort läßt Gott seinen Ruf an den Menschen ergehen. Verkündigung des Evangeliums ist Berufung zum Heil Gottes.

2.2 *Die Erweckung: Gottes Heiliger Geist weckt den Menschen auf aus seinen Träumen und Illusionen, seiner Selbstgerechtigkeit und Selbstsicherheit, seinem Stolz und seinem Übermut. Der Mensch erkennt sich selbst und damit seine Verlorenheit vor Gott.*

Erläuterung:

- Der Heilige Geist bringt unter dem Wort Licht in das Leben des Menschen (Erleuchtung durch den Geist). Er schreckt ihn auf aus seinem bisherigen Zustand. Der Mensch erkennt sich als Sünder. Ohne diese Erkenntnis gibt es keine echte Bekehrung.

- Der erweckte Mensch erkennt sich mit seiner Existenz vor Gott. Er erkennt die Heiligkeit Gottes, die die Sünde haßt. Das aber führt den Menschen in die Verzweiflung an sich selbst. „Es war kein Guts am Leben mein, die Sünd hatt' mich besessen."(Martin Luther).

- So kommt es zur Frage nach der Rettung: „Wie kriege ich einen gnädigen Gott?" „Was muß ich tun, daß ich selig werde?" Der erweckte Mensch weiß, daß er sich selber nicht retten kann.

Er braucht einen Retter. Er ist darauf angewiesen, daß die Tür zum Vater offen ist.

- Erweckung ist noch nicht Bekehrung. Es ist eine Erfahrungstatsache, daß manche Menschen erweckt wurden, d.h., zu sich selber kamen, nicht mehr um sich, sondern in sich schlugen, aber dann doch nicht aufstanden und sich aufmachten, um den Weg der Rettung, d.h., nach Hause zu gehen. Sie sind wieder „eingeschlafen“ und haben die Stunde Gottes versäumt.

2.3 Die Buße: Im Zusammenhang mit der Heilsordnung verstehe ich das Wort „Buße“ in dem Sinne, daß der Mensch Gott recht gibt, wenn er ihn wegen seiner Sünde verurteilt; daß der Mensch seine Sünde bereut und sich vor Gott als Sünder bekennt, nicht nur in seinen verkehrten Taten, sondern in seiner ganz verkehrten Lebenshaltung, die darin ihren Ausdruck findet, daß er in seinem Leben Gott nicht hat Gott sein lassen. „Buße“ in diesem Verständnis läßt sich dann auch mit den drei Formulierungen beschreiben:

- *Abkehr von der Sünde,*
- *Umkehr vom falschen Weg,*
- *Heimkehr zum Herrn.*

Erläuterung:

- In der Buße verzichtet der Mensch auf jegliche Selbstrechtfertigung vor Gott. „Nichts hab ich zu bringen ...“ heißt es in einem Erweckungslied. In der Buße steht der Mensch als Bettler im Sinne der ersten Seligpreisung vor Gott. Der Mensch weiß: Gott hat recht mit seiner Anklage, und ich kann ihm auf Tausend nicht Eins antworten.

- Es gibt keine echte Buße ohne das Leidtragen um die Sünde. Es schmerzt den Sünder bis ins Herz hinein, daß er Gottes Ehre in den Schmutz gezogen und Gottes Namen entheiligt hat.

- In der Buße findet der Mensch zu dem ganz persönlichen Bekenntnis: „Gott sei mir Sünder gnädig.“ Es ist der Schrei des Menschen, der alle Fluchtversuche aufgegeben hat, weil er ihre

Unmöglichkeit eingesehen hat, und der sich nun auf Gedeih und Verderb in die Arme Gottes wirft. In der Buße zerbricht der Mensch an sich selbst. Ohne Tod des alten, gibt es kein neues Leben.

- In der Buße vollzieht der Sünder den Bruch mit den Göttern. Er ändert nicht nur seinen Sinn, sondern er geht einen neuen Weg. Umkehren heißt, in die entgegengesetzte Richtung laufen.

2.4 Der Glaube: Der Sünder entdeckt seinen Retter in Christus, dem Gekreuzigten. Durch Wort und Geist macht Gott selbst es dem Sünder gewiß: Jesus starb für mich. Im Kreuz Christi hat Gott alles zu meiner ewigen Errettung getan. Ich darf mein Leben an den Gekreuzigten verlieren, der als der Auferstandene bei mir ist alle Tage.

Erläuterung:

- Es bleibt dabei: Der gekreuzigte Christus ist der einzige und alleinige Retter des Menschen. Im Kreuz Christi liegt das ganze Heil. Die Botschaft vom Kreuz ist das volle Evangelium. Dies Evangelium bedarf keiner Ergänzung und keiner Korrektur. Wer dies Evangelium verschweigt, wird zum Verderber der Seelen, er führt in die Irre, er zeigt den falschen Weg, der in der Hölle endet. Es gibt nur einen Heilsweg und nicht viele. Der Heilsweg führt zum Kreuz und nicht daran vorbei.

- Im Kreuz Christi und in ihm allein findet der selige Tausch statt. Er nimmt meine Lumpen und gibt mir seine Gerechtigkeit, „ohn all mein Verdienst und Würdigkeit ..." (Martin Luther). Wer zum Kreuz kommen will, muß sich vorher nicht bessern oder moralisch aufpolieren oder wenigstens so tun als ob. Am Kreuz fallen alle frommen und moralischen Masken. Zum Kreuz darf und muß ich kommen, so wie ich bin. Der verlorene Sohn hatte keine Chance, sich noch einen Sonntagsanzug zu kaufen. Er kam in Lumpen und erfuhr das Wunder der Gnade.

- Glaube ist die dankbare, demütige Annahme des Heiles und die Hingabe des ganzen Lebens an Jesus Christus. Glaube ist

Lebensübergabe an Christus, ist Eintritt in das personale Vertrauensverhältnis zu dem, der mich durch seinen Tod vom Tod errettet hat.

- Im Glauben empfange ich unter dem Kreuz die Vergebung der Sünden und die Gabe des Heiligen Geistes und trete damit in die Gemeinschaft mit dem dreieinigen Gott ein. Ein Leben lang wächst der begnadigte Sünder nicht über diesen rechtfertigenden Glauben hinaus. Bis zum Sterben bleibt das der Hauptsatz: Jesus starb für mich. Nur eine unbiblische Heiligungslehre kann davon sprechen, daß der Rechtfertigungsglaube die erste Stufe, der Heiligungsglaube aber die zweite Stufe im Leben des Christen sei. Wer den „Kreuzesboden" verläßt, verläßt seine Heilsgewißheit.

- Der Glaube, zu dem der Mensch in der Bekehrung durchbrechen darf, will wachsen, reifen und sich bewähren in der Nachfolge Christi. Er will sich auswirken aus der Dankbarkeit heraus in den guten Werken. Er weiß sich zum Dienst gerufen in der Gemeinde Christi.

2.5 Die Bekehrung: Mit den geistlichen Vorgängen der Berufung, Erweckung, Buße und dem Glauben ist das Werk Gottes am Menschen umschrieben, das wir Bekehrung nennen. Was hier gedanklich-systematisch im Nacheinander beschrieben ist, kann im praktischen Geschehen des Wirkens Gottes oft so nicht auseinandergehalten werden. Hier sind die Grenzen fließend, hier findet oft ein lebendiges Ineinander statt.

Ich schließe diesen Abschnitt mit einigen Sätzen aus der „Biblischen Glaubenslehre" von Theodor Haarbeck, die 1902 in erster Auflage erschien, die jetzt in der 11. Auflage (1991 in der 15. Auflage) vorliegt und die in vielen Bibliotheken von Mitarbeitern in Kirche und Gemeinschaftsbewegung zu finden ist: „Ist die Bekehrung Sache Gottes oder des Menschen? Auf dem ganzen Gebiet des Heils fällt dem Menschen nie und nirgends irgendwelche Urheberschaft zu. Die Kräfte, welche neues Leben zeugen, liegen ausschließlich in Gott. Er bietet dem Menschen das Heil an und läßt den Ruf zur Umkehr an ihn gelangen. Und dieser Ruf aus dem Munde des Herrn ist zugleich schon eine Mitteilung von Bekehrungskräften, wie jede göttliche Aufgabe zugleich eine Gabe in sich schließt. Aber der göttlichen Aufforderung gegenüber, die sich mit Macht an den Willen wendet (Apg 3,19), kann sich der Mensch abweisend verhalten (Mt 23,37). Von diesem Gesichtspunkt aus ist also die Bekehrung oder die Verstockung Sache des Menschen. Darum fällt die Verantwortung für das persönliche Verhalten dem ernst gemeinten Rufe Gottes gegenüber ganz und voll dem Menschen zu, während die Seligen ihre schließliche Rettung einzig und allein der Gnade Gottes zuschreiben (Mt 11,20; Offb 5,9)."

II. Mißverstandene Bekehrung

1. Im Bereich der Verkündigung

1.1 Bekehrung kann durch die Verkündigung nicht erzwungen werden

Erläuterung:

- Bekehrungspredigt ist Christuspredigt; Bekehrung zu predigen, heißt Röm 3 erwecklich zu predigen. Wir sind Botschafter an Christi Statt, nicht mehr, aber auch nicht weniger. Christus vor die Augen zu malen, als wäre er unter uns gekreuzigt, das ist unsere Aufgabe.

- Es ist uns nicht erlaubt, auf der seelischen Klaviatur des Menschen zu spielen. Es ist uns nicht erlaubt, den Menschen innerlich zu vergewaltigen. Wir dürfen in die Hoheitsrechte des Heiligen Geistes nicht eindringen und „schimpfliche Methoden" (2.Kor 4,2) anwenden, um Menschen für Christus zu gewinnen.

- Wir können in unserer Verkündigung nicht bestimmen, wann der Kairos Gottes über einen Menschen kommt. Vielleicht sind wir bei einem Menschen „nur“ dazu bestimmt zu säen und ein anderer darf ernten.

- Eine falsche Bekehrungspredigt führt leicht zu „Treibhausbekehrungen“, die nicht standhalten, zu religiösen Strohfeuern, die schnell zusammenbrechen, zu Knospenfrevel, der den Menschen in der Ernüchterung auf die Seite des Unglaubens zurücktreibt.

- Ernst Modersohn (1870–1948) begegnete einmal einem Trinker, der ihm entgegenlallte: „Herr Pfarrer, Sie haben mich bekehrt.“ Worauf Modersohn antwortete: „Schlimm genug!“ Wir halten es mit Hermann von Bezzel (1861–1917): „Gott gebiert sich seine Kinder selbst.“

1.2 Gesetzespredigt ist nötig, gerade in einer Zeit sittlicher Dammbrüche. Es gilt, den Willen Gottes in seinem Gesetz zu verkündigen in einer Zeit der Verharmlosung der Sünde. Aber die Predigt des Gesetzes darf die Christuspredigt, die die wahre Bekehrungspredigt ist, weder verdrängen noch ersetzen.

Erläuterung:

- Die Gesetzespredigt muß gerade den Frommen heute deutlich machen, daß er sündig und gottlos ist und damit die Position seiner Selbstsicherheit und seines frommen Leistungsdenkens erschüttem.

- Gesetzespredigt ist Kundmachung des Willens Gottes in dem Sinne, daß sie uns zur Erkenntnis unserer Sünde führt.

- Nie und nimmer aber darf die Gesetzespredigt als Peitsche verstanden werden, mit der wir Menschen in den Himmel treiben wollten. Christus ist der Herzog der Seligkeit, nicht das Gesetz.

2. Im Bereich des eigenen Glaubenslebens

2.1 Das eigene Bekehrungserlebnis darf nicht als Schema und Norm für alle verbindlich gemacht und damit als absolut gesetzt werden.

Erläuterung:

- Der Vorwurf gegen Pietisten besteht oft und nicht immer zu Unrecht darin, daß gesagt wird: Ihr habt einen Bekehrungsschematismus, den ihr für verbindlich erklärt. Dagegen halten wir fest: Gott hat „viel tausend Weisen zu retten aus dem Tod". Wir wissen, daß wir Gott in seiner Souveränität nie in ein frommes menschliches Schema pressen können.
- Insofern sagen wir auch nicht, daß der Christ die Stunde und den Tag seiner Bekehrung wissen müsse. Wohl aber halten wir daran fest, daß bekehrt nur der Mensch ist, der dankbar und fröhlich bekennen kann: Jesus Christus ist mein Herr und Gott!
- Wir lehnen es auch ab, das subjektive Bekehrungserlebnis an die Stelle des objektiven Heilshandelns Gottes zu setzen oder jedenfalls das Heilshandeln Gottes durch das Bekehrungserlebnis verdunkeln zu lassen. Aber doch darf das nicht verschwiegen werden, was Gott an uns getan hat. Hier hat das ganz persönliche Zeugnis zur Ehre Christi seinen Platz. – Die übergroße Angst vor einem subjektivistischen Christentum müßte sonst eigentlich dazu führen, daß viele Paul-Gerhardt-Lieder aus unseren Gesangbüchern gestrichen werden.
- Summa summarum: Wir bejahen dankbar den Reichtum der Wege und Führungen Gottes im Leben seiner Kinder.

2.2 Die Unterscheidung von Bekehrten und Unbekehrten in der Kirche führt zu einem Elitedenken oder gar zu einem unheilvollen Pharisäismus.

Erläuterung:

- Die Väter des Pietismus waren der Meinung, daß nicht alle Glieder der Kirche zu den Bekehrten zu rechnen seien. Paul Humburg (1878–1945) hat davon gesprochen, daß in der Kirche Bekehrungspredigt nötig sei, nicht nur in der Missionssituation gegenüber dem Heidentum.
- Daß die Bekehrung je und dann Menschen zur Separation, zum Sektendenken und zu einer pharisäerhaften Haltung ge-

bracht hat, muß schmerzlich zugegeben werden. Das zeigt aber, daß auch der Bekehrte vor den Verführungen und Versuchungen Satans nicht sicher ist.

- Wer begriffen hat, daß die Bekehrung nicht unser Verdienst oder gar unsere Leistung ist, sondern daß wir von Gottes Gnade sind, was wir sind, der wird bewahrt vor einer ungeistlichen Haltung, die der Gesinnung Jesu und dem Wesen der Gotteskindschaft widerspricht.

2.3 Die starke Betonung der Bekehrung verdrängt und unterschätzt die Bedeutung der Heiligen Taufe. Dadurch wird doch das Erleben des Menschen an die Stelle des Heilshandelns Gottes gesetzt.

Erläuterung:

- Es sei an dieser Stelle daran erinnert, daß einer der Väter der Erweckungsbewegung in der zweiten Hälfte des vergangenen Jahrhunderts den Satz sagen konnte: „Bekehrt ist, wer Gott für seine Taufe danken kann." (Eberhard von Rothkirch).

- Im Blick auf die Taufe halte ich es mit Otto Schmitz (1883–1957): „Das, was die Taufe zur Taufe macht, ist nicht der Bekenntnisakt des Menschen, sondern die Gabe Gottes, der durch das Taufgeschehen zusammen mit dem Wort des Evangeliums sein ganzes Heil, einschließlich des neuen Lebens, dem Täufling zueignet. Teilhaftig des neuen Lebens aus Gott und in diesem Sinne wiedergeboren ist der Mensch erst dann, wenn er dieses Heil Gottes im Glauben für sich persönlich angenommen hat. Darum kann die Gabe Gottes in der Taufe in keiner Weise an die Stelle der persönlichen Glaubensentscheidung treten, wohl aber enthält sie einen Aufruf und eine Hilfe zum Glauben, der viel zu wenig gewertet wird." (Otto Schmitz: Die Lehre des Neuen Testamentes über Taufe, Buße, Glaube, Heilsgewißheit; in „Pietismus und Theologie", 1956).

- Es muß zugegeben werden, daß im Pietismus die Taufe da und dort unterschätzt worden ist. Es muß aber auch verstanden werden, daß solche Unterschätzung oft genug die Reaktion war gegenüber einer Taufwiedergeburtslehre, die in einem magischen Verständnis des Sakramentes gründete und die Intention des Glaubens darüber vergaß. Der Pietismus hat sich dagegen gewandt, die Taufe zu einem Ruhekissen werden zu lassen. Genauso emst aber muß an dieser Stelle betont werden, daß sich der Mensch auch nicht auf seiner Bekehrung ausruhen kann.

III. Konsequenzen für den evangelistischen Dienst

Die Frage nach der Evangelisation steht auf der Tagesordnung. Der Weltkongreß für Evangelisation in Lausanne 1974 wollte nicht ein einmaliges Ereignis sein, sondern wollte einen Prozeß in Gang bringen, der weltweit aufgenommen wird. Die Anstöße des Kongresses sind auch in der Bundesrepublik spürbar. Gerade unsere Landeskirchen haben die Frage nach der Evangelisation neu ins Blickfeld bekommen. Das kann nur dankbar anerkannt werden.

Wir standen in der Frage der Evangelisation, als es zum Kongreß in Lausanne kam, nicht in der Stunde Null, aber wir sind doch in unserer deutschen Situation gefragt, ob nicht viel evangelistisches Geschehen

- durch eine fromme Routine vollmachtslos geworden ist,
- durch einen bestimmten Amerikanismus überfremdet worden ist,
- durch Preisgabe der biblischen Abzweckung inhaltslos geworden ist.

Hier gilt es, unter der Schrift nachzudenken, zu lernen und zu prüfen.

Die Abzweckung biblischer Evangelisation ist eindeutig das Gläubigwerden von Menschen, die ferne von Gott sind. Es geht also um Bekehrung. Das heißt also nicht: Bekehrung zu sich selbst oder zum Nächsten; das heißt: Bekehrung hin zum lebendigen Gott, der im Kreuz Christi uns die Türe zu sich selber geöffnet hat. Nur in der Heimkehr zum lebendigen Gott finden wir zu uns selbst und zum Nächsten.

Kirchenleitungen und Pfarrerschaft müssen ein inneres „Ja" zu solchem evangelistischen Tun finden und damit auch ein „Ja" zum Amt des Evangelisten, wie es in der Schrift begründet und vom Herrn der Kirche als Charisma anvertraut ist. Nur so wird Kirche neu.

Ich schließe mit einem Text von Julius Schniewind. In dem schon zitierten Aufsatz sagt er am Schluß: „Auf unsere Bekehrung sterben wir nicht, glauben und beten wir nicht, vielmehr auf Christus: ‚Auf dies Erbarmen will ich glauben, auf dieses bet ich auch allein. Auf dieses duld ich in der Not, auf dieses hoff ich noch im Tod.' Wenn dies so ist, werden wir mit großer Furcht und mit großer Freude von der Bekehrung sprechen ..."

Adolf Schlatter (1852–1938) sagt: „Unsere Bekehrung ist Gottes Sieg über unser Widerstreben gegen ihn."

Zukunft durch Umkehr zur Bibel*

Einige Väter-Zitate, die die Richtung des Vortrages angeben, sollen am Anfang stehen. Martin Luther sagt in einer Vorlesung über das 5. Buch Mose aus den Jahren 1523/24: „Unser Paradies ist die Schrift, darum daß wir darin arbeiten sollen, wie Adam im Paradies."

Im Paradies war die Arbeit noch nicht fluchbeladen. Sie war noch keine Last. Sie war Freude. So geht es uns, wenn wir in der Bibel forschen und an ihr arbeiten. Es geht uns wie dem Psalmisten: „Ich freue mich über dein Wort wie einer, der große Beute macht" (Ps 119,162).

Philipp Jakob Spener sagt im Blick auf die Bibel: „Ich erkenne, daß das Wort Gottes einen großen Vorzug hat vor allen menschlichen Erklärungen und Anwendungen. Er besteht in dessen Unfehlbarkeit und Gewißheit. Der Text der Schrift allein ist der Grund meines Glaubens, auf den ich mich verlassen darf."

Hier betont der Vater des lutherischen Pietismus in Deutschland, daß das biblische Wort von letzter Zuverlässigkeit ist. Graf von Zinzendorf ergänzt in seinem Lied vom Worte Gottes: „Wenn dein Wort nicht mehr soll gelten, worauf soll der Glaube ruhn?"

Johann Albrecht Bengel sagt im Blick auf die Heilige Schrift: „Die Heilige Schrift leuchtet der ganzen Kirche voran, sie zeigt nicht nur den Weg zum Heil, so viel einem jeden nützlich ist, sondern weist auch den Ursprung und das Ziel aller Dinge auf, nämlich die Haushaltung Gottes mit der ganzen Welt, mit der Menschheit, mit den ersten bis zu den letzten Zeitaltem, die den Tag Jesu Christi zum Ziel haben."

---

* Vortrag bei der Internationalen Gnadauer Jubiläumstagung am 1. Juni 1988 in Woltersdorf/DDR.

Damit sind die beiden Hauptlinien der Heiligen Schrift angedeutet: Der Heilsweg und die Heilsgeschichte.

Von Elias Schrenk stammen die Sätze: „In unserer zerfahrenen Zeit will der Herr Menschen haben, die biblisch denken, biblisch reden, biblisch leben und arbeiten. Solche haben Verheißung der Bewahrung und der Kraft." Damit ist zum Ausdruck gebracht, daß das Wort Gottes unser ganzes Leben prägen will.

Schließlich noch eine Bemerkung von Adolf Schlatter, dem großen Lehrer des Neuen Testamentes: „Aufrichtiger, echter Glaube stellt sich unter die Schrift, so daß ich nichts begehre, als die Schrift selbst zu hören und zu verstehen. Im Glauben macht man sich nicht selber eine Bibel zurecht und begehrt sie nicht anders, als wie sie Gott uns gegeben hat."

Wir haben auf die Schrift zu hören und das zu akzeptieren, was sie uns sagen will. Und: Wir haben die Schrift so zu nehmen, wie Gott es gefallen hat, sie uns zu geben.

1. Die Bibel – das Wort Gottes

Die Bibel ist das ewige Wort

Im Propheten Jesaja spricht eine Stimme zu dem Propheten: „Alles Fleisch ist Gras, und alle seine Güte ist wie eine Blume auf dem Felde. Das Gras verdorrt, die Blume verwelkt; denn des Herrn Odem bläst darein. Ja, Gras ist das Volk! Das Gras verdorrt, die Blume verwelkt, aber das Wort unseres Gottes bleibt ewiglich" (Jes 40,6b-8). Unser Herr sagt in der Endzeitrede: „Himmel und Erde werden vergehen; aber meine Worte werden nicht vergehen" (Mt 24,35).

Gott hat sich also in seinem Wort festgelegt. Er steht zu seinem Wort. Sein Wort überdauert die Zeiten.

Die Bibel ist das zuverlässige Wort

Es kommt aus dem Munde Gottes. „Der Mund des Herrn sagt es" (Jes 1,20). In der Versuchungsgeschichte nimmt unser Herr das Wort aus 5. Mose 8,3 auf, wenn er dem Teufel entgegenhält: „Der Mensch lebt nicht vom Brot allein, sondern von einem jeden Wort, das aus dem Mund Gottes geht“ (Mt 4,4). Die Propheten beginnen ihre Reden mit der Formulierung: „So spricht der Herr“ oder aber auch: „Das Wort des Herrn geschah zu mir.“ Sie sind, wie Martin Luther das gesagt hat, „die Mundboten Gottes“.

Die Bibel ist das wegweisende Wort
Sie zeigt uns untrüglich und unfehlbar den Weg zum ewigen Heil. Sie zeigt uns aber auch den Weg zu einem frommen Leben. Sie zeigt uns den Weg der Gemeinde durch die Zeiten. Sie zeigt uns den Weg auf, den Gott mit dieser Welt geht. Noch einmal einen Satz aus dem 119. Psalm: „Dein Wort ist meines Fußes Leuchte und ein Licht auf meinem Wege“ (Ps 119,105).

Die Bibel ist das offenbarende Wort
Sie zeigt uns, wer Gott ist. In ihr allein lernen wir den wahren, lebendigen Gott kennen. Zugleich sagt sie uns, was dieser Gott von uns will. Sie zeigt uns aber auch mit hellen Farben auf, was Gott für uns getan hat. Das Wort der Heiligen Schrift begegnet uns in Gesetz und Evangelium. Es stellt die Forderung Gottes vor uns hin. Größer und leuchtender aber begegnet uns in der Bibel die unüberbietbare Gabe Gottes, die Jesus Christus, das Wort Gottes in Person, ist.

Sie ist das lebendige Wort
Das biblische Wort ist nicht toter Buchstabe. Das Wort ist geistgewirkt, geistdurchweht und geistgeladen. „Die Worte, die ich zu euch geredet habe, die sind Geist und sind Leben“ (Joh 6,63), kann Jesus sagen. Dadurch, daß der Heilige Geist sich mit dem biblischen Wort verbindet, wird dieses Wort zur „viva vox evangelii“ (lebendigen Stimme des Evangeliums), wie die reformatorischen Väter sagten.

Dieses Wort trifft die Gewissen; es ist wie ein Hammer, der Felsen zerschmeißt (Jer 23,29). Dieses Wort weckt den Glauben.

Es ist der Same der Wiedergeburt (1.Petr 1,23). Dieses Wort ist das Brot für den Glauben. Davon nährt er sich. „Dein Wort ward meine Speise, sooft ich's empfing ..." (Jer 15,16). Dieses Wort der Bibel ist das Schwert des Geistes, mit dem wir uns wehren (Eph 6,17).

2. Gemeinschaftsbewegung ist Bibelbewegung

Wir betonen immer wieder, daß die Bibel die Mitte unserer ganzen Arbeit ist. Was heißt das eigentlich?

In der Bibel forschen

Von den Christen in Beröa heißt es, daß sie das Wort, das von Paulus und von Silas bei ihnen bezeugt wurde, willig aufnahmen und daß sie täglich in der Schrift forschten, ob sich's so verhielte. Sie prüften die Botschaft des Apostels am Alten Testament.

Wir sprechen gerne von „Bibelarbeiten", die wir halten. Es geht in der Tat um eine Arbeit mit der Bibel und an der Bibel. Martin Luther kann im Galaterkommentar (1519) sagen: „Die Heilige Schrift will mit großer Aufmerksamkeit und mit Fleiß gelesen werden." Und ein andermal sagt er: „Gott hat die Heilige Schrift gegeben uns armen sündigen Menschen, daß wir sie nicht allein lesen sollen, sondern auch forschen oder nachdenken oder betrachten."

Um es ein wenig banal zu sagen: Die Bibel kann man nicht lesen wie die Zeitung. Hier ist jedes Wort wichtig. Es will abgehorcht und abgeklopft werden. Es muß auf die Zusammenhänge geachtet werden.

Noch einmal Martin Luther, der im Großen Katechismus von 1529 schreibt: „Es ist uns von Gottes Gnade gegeben, daß wir die Schrift auslegen und Christus erkennen können, was ohne den Heiligen Geist nicht geschehen kann."

Wir können nur betend an die Schrift herangehen. Der Heilige Geist muß uns die Tür zur Heiligen Schrift öffnen.

Aus der Bibel lernen

Adolf Schlatter kann einmal sagen: „Die Ehre, die wir dem göttlichen Wort zu erweisen haben, besteht darin, daß wir uns zu ihm als die Lernenden und Empfangenden verhalten. Denn es ist uns zum Führer gesetzt, dem wir untergeben sind. Aber es leitet uns nicht in die Unmündigkeit und Knechtschaft, sondern gibt uns das eigene Sehen, eigene Urteil, die freie Bewegung des zur Wahrheit geleiteten Verstehens."

Wir sind nicht die Meister der Schrift; wir werden es ein Leben lang nicht werden. Wir bleiben Schüler des göttlichen Wortes, so lange wir leben. Wir lernen nicht aus. Wir gewinnen immer neue Erkenntnisse und Erfahrungen. Die Schrift ist immer größer als wir. Wir kriegen sie nicht in den Griff, so wenig wir Gott selber in den Griff bekommen können.

Manche Stellen der Heiligen Schrift mögen uns ein Leben lang dunkel bleiben. Wir sollten als Schüler des Wortes Gottes nicht so tun, als könnten wir alles verstehen. Auch da will uns Martin Luther eine Anleitung geben, wenn er in einer Predigt über Jeremia 23 von 1526 sagt: „Es ist mit Gottes Wort nicht zu scherzen: Kannst du es nicht verstehen, so ziehe den Hut vor ihm ab!"

Nach der Bibel leben

Es geht um den Gehorsam dem Wort gegenüber. Das Wort will nicht nur gehört, es will getan werden. Jesus vergleicht am Schluß der Bergpredigt (Mt 7,24ff.) den mit einem klugen Mann, der das Wort hört und tut. Der Apostel Jakobus ruft uns in seinem Brief zu: „Seid aber Täter des Wortes und nicht Hörer allein; sonst betrügt ihr euch selbst" (1,22). Die Bibel will unser ganzes Leben prägen. Gemeinschaftsleute sind Menschen, die heute aufgrund des Wortes Gottes nach dem Willen Gottes fragen. Sie bewegen das Wort Gottes in ihren Herzen, wie das von Maria (Lk 2,19) bezeugt wird. Sie lernen Bibelworte auswendig, um sie in ganz bestimmten Lebenssituationen bei sich zu haben.

Für die Bibel leiden
Wir denken dabei an unsere geistlichen Väter und Mütter, die um der Bibel willen Haus und Hof und Heimat verlassen haben. Die Bibel war ihnen wichtiger als Hab und Gut. In einem alten Bibellied, das wir in unserer Jugendzeit gerne gesungen haben, heißt es: „Kann nimmermehr dich lassen, mein teures Bibelbuch; ich fand darin den Heiland, der meine Sünden trug ..." Unsere geistlichen Väter und Mütter haben sich den Gewaltigen nicht gebeugt, die ihnen die Bibel nehmen wollten; aber auch nicht den Spöttern und Kritikern. Sie haben das Wort festgehalten und hochgehalten. Sie wußten, was Bengel in den Satz gekleidet hat: „Das Wort Gottes ist allen seinen Feinden überlegen: Denn es ist Gott."

Die Bibel bezeugen
Das geschieht auf verschiedene Weise. Nur müssen wir aufpassen, daß wir nicht fromme Schwätzer werden, die mit Bibelworten um sich werfen. Zeugen dürfen wir sein, die in der Kraft des Heiligen Geistes das rechte Wort zur rechten Zeit sich schenken lassen. Wir wollen das Wort bezeugen in persönlichen Gesprächen, es soll weitergegeben werden in unseren Veranstaltungen durch Hauptamtliche und Ehrenamtliche. Der Vielfalt der Wege, das Wort der Bibel zu bezeugen, sind keine Grenzen gesetzt.

Die Bibel liebhaben
Gemeinschaftsleute sind Liebhaber der Bibel. Wir sprechen von „unserer Bibel". Ich sage „meine Bibel". Darin kommt ein ganz persönliches Verhältnis zum Ausdruck. Damit wird ein Liebesverhältnis ausgedrückt. Johann Albrecht Bengel hat das einmal in die Worte gefaßt: „Wenn ich das gesamte Buch der Bibel in die Hand nehme, kann ich nur sagen, das ist ein Brief, den mein Gott mir hat schreiben lassen. Nach ihm soll ich mich richten, weil Gott mich nach ihm richten wird. Ein jeder Bibelleser muß damit umgehen, als ob dieser Brief nur ihn allein anginge."

Die Gemeinschaftsbewegung ist also eine Bibelbewegung: Wir hören auf das Wort der Heiligen Schrift. Die Heilige Schrift ist uns die große Autorität. Die Bibel ist das Geschenk des lebendigen Gottes an uns. Die Bibel ist für uns das entscheidende und allgenugsame Wort. Mehr brauchen wir nicht zu wissen, als das, was unser Herr uns in der Bibel in die Hand gegeben hat. Es kann immer wieder nur unsere Bitte sein, die der Prophet in die Worte faßt: „Alle Morgen weckt er mir das Ohr, daß ich höre, wie Jünger hören“ (Jes 50,4).

Hier stelle ich die Frage: Stimmt das alles noch unter uns? Wie gehen wir mit unserer Bibel um? Nehmen wir sie nur aus frommer Gewohnheit in die Hand oder staunen wir jeden Morgen neu darüber, daß der lebendige Gott mit uns reden will? Ist uns das Lesen in der Bibel nur eine fromme Pflicht, oder überfällt uns die große Freude, daß wir dem lebendigen Gott in seinem heiligen Wort begegnen dürfen?

Steht die Bibel an der ersten Stelle in unserem Leben? Ist sie uns wirklich das liebste und unentbehrlichste Buch? Ist sie uns das einzigartige Buch, das mit keinem anderen Buch zu vergleichen ist? Wir haben in der Bibel doch nicht eine Sammlung religiöser Dokumente vor uns, sondern „in der Bibel redet Gott selbst mit uns, wie ein Mensch mit seinem Freunde“ (Martin Luther).

3. Darf die Bibel uns sagen, was sie sagen will?

Damit ist die Frage nach der Auslegung der Heiligen Schrift gestellt. Ich kann nicht umhin, auf einige bedenkliche Tatbestände hinzuweisen.

Die Bibel und unsere „Dogmatik“

Gerade im Pietismus herrscht oft ein unheilvoller Subjektivismus. Wir sprechen zwar viel von der Gemeinschaft, sie wird auch vielfältig praktiziert und doch feiern Individualismus und Subjektivismus unter uns Triumphe. Das gilt auch im Blick auf den Umgang mit der Bibel. Ich habe das Wort Dogmatik bewußt in

Anführungszeichen gesetzt. Ich meine damit jetzt nicht die gesunde biblische Lehre, sondern das, was manche daraus machen. Wir haben oft unsere religiösen Vorstellungen und unsere religiösen Meinungen und unsere ganz bestimmten christlichen Erkenntnisse. Manche Ursachen mögen für unsere „Dogmatik“ stehen. Wir haben uns z.B. von einem bestimmten „Schulhaupt“ oder von einer bestimmten Richtung in der christlichen Literatur bestimmen lassen. Von diesem „Schulhaupt“ lassen wir uns ein frommes System vorgeben, oder wir bauen es uns selber aufgrund ganz bestimmter Spekulationen, die wir anstellen, zusammen. Die Bibel muß dann sagen, was unserer „Dogmatik“ entspricht. Das andere, was geschrieben steht und in unser Lehrsystem nicht hineinpaßt, bleibt links oder rechts am Wege liegen.

Die Bibel und unsere Lieblingsgedanken

Das hängt mit dem vorher Gesagten eng zusammen. Da wird Bengels Ratschlag „Te totum applica ad textum: rem totam applica ad te“ (Wende dich ganz dem Text zu; die ganze Sache wende auf dich an!) nicht mehr beachtet. Wir tragen unsere Gedanken in die Schrift hinein. Wir finden dann unsere Lieblingsgedanken in jedem Text. Unsere Textauslegung wird eng, einlinig, sparsam, kümmerlich. Das Wort wird oft nur als Sprungbrett für unsere Lieblingsgedanken gebraucht.

Was wir bestimmten Richtungen heutiger Theologie, etwa der politischen Theologie, der Theologie der Befreiung, der emanzipatorischen Theologie vorwerfen, wird oft auch unter uns unter anderen Vorzeichen getrieben.

Die Bibel und unsere Spontaneität

Dabei geht es darum, daß Menschen sagen: „Wir werden vom Geist geleitet.“ Unseren Verstand oder gar Kommentare zu den biblischen Texten brauchen wir nicht. Der Geist leitet uns in alle Schriftwahrheit hinein. Diese Spontaneität findet dann oft auch in der Schriftauslegung ihren Ausdruck. Wir brauchen uns auf eine Bibelstunde, ein Zeugnis, einen kurzen Beitrag zu einem biblischen Text nicht vorzubereiten, denn der Geist gibt uns angeblich im Augenblick das, was wir sagen sollen. So wahr es ist, daß uns der Heilige Geist in Verlegenheiten großartig helfen kann, so wahr ist auch das andere, daß dann, wenn wir aus der Spontaneität ein Prinzip machen, wir böse auf die Nase fallen können.

Die Bibel und unsere Erfahrung

Darin sehe ich gerade heute eine nicht zu unterschätzende Gefahr. Die Bibel soll unsere Erfahrungen bestätigen. Natürlich macht jeder von uns geistliche Erfahrungen, aber wir machen doch auch andere Erfahrungen. Oftmals steht das Wort der Heiligen Schrift gegen unsere Erfahrung und unsere Erfahrung gegen das Wort der Schrift. Dann will gegen den Augenschein und gegen die Erfahrung am Wort der Schrift festgehalten werden. Erfahrung und Schriftwahrheit sind nicht immer deckungsgleich.

Es ist gut, wenn in Zeugnisstunden oder anderen Zusammenkünften Brüder und Schwestern sagen: „Das habe ich erlebt ..." Und besonders großartig ist das dann, wenn dadurch nicht der fromme Mensch, sondern der Herr ganz allein in den Mittelpunkt gerückt wird. Aber passen wir auf: Dem „Das habe ich erlebt" muß immer das „So spricht der Herr" übergeordnet sein.

Die Bibel und unser modernes Denken

Ich denke dabei an das ganze Feld der sogenannten Bibelkritik. Es gibt einen legitimen „kritischen" Umgang mit der Heiligen Schrift. „Kritisch" heißt dann soviel wie wertend. Solcher „kritische" Umgang geschieht unter der Leitung des Heiligen Geistes und mit viel Gebet. Die Schrift wird von der Christus-Mitte her ausgeleuchtet. Wir wollen ja das Schriftprinzip unserer geistlichen Väter nicht fahren lassen, nämlich danach zu fragen, wie sie Christum treibt (Martin Luther).

Wir fragen auch beim Umgang mit der Schrift ganz selbstverständlich: Was ist historisch? Mit seinem Wort ist unser Herr eingegangen in diese Welt der Geschichte. Darum müssen wir fragen: Zu wem ist dieses Wort ursprünglich gesprochen? Wer hat dieses Wort ursprünglich gesagt? Welche Sitten und Gebräuche waren damals üblich? In welche politischen und religiösen Verhältnisse ist dieses Wort hineingesprochen? Aber das Wort „Bibelkritik“ hat ja unter uns heute einen ganz bestimmten Klang. Es hat durch geistesgeschichtliche Vorgänge, durch philosophische Überlagerungen eine negative Färbung bekommen. Darum sollten wir dieses Wort in unserem Bereich möglichst meiden.

Unsere Vernunft kann nie und nimmermehr über der Schrift stehen. Weil uns in der Schrift Gott begegnet, „darum nehmen wir gefangen alle Vernunft unter den Gehorsam Christi“ (2.Kor 10,5). Wir stehen nicht über der Schrift, sondern unter ihr. Die Schrift steht über uns. Elias Schrenk hat einmal die Sätze gesagt: „Die Autorität des Wortes Gottes ist tief gesunken. Heute noch bibelgläubig sein zu wollen, im guten alten Sinn der Väter, gilt als rückständig und beschränkt. Man kann die Stellung von einer Menge von Menschen zur Bibel nicht mehr kritisch nennen, sie ist auflösend; und unsere modernen Theologen haben ihren Unglauben so popularisiert, daß er in allen Volksteilen verbreitet ist. Man nennt das evangelische Freiheit. Es ist eine Freiheit ohne Evangelium.“

Es geht beim Umgang mit der Schrift letzlich um die Gottesfrage. Passen wir auf, daß in unsere Kreise nicht durch kleine Löcher und Hintertüren die Bibelkritik Einzug hält. Mit der eindeutigen Stellung zur Heiligen Schrift steht und fällt die Vollmacht unserer Verkündigung.

Schriftverständnis und Schriftauslegung der Väter

Im Blick auf das Schriftverständnis und die Schriftauslegung können uns unsere geistlichen Väter entscheidende Hilfen geben. So macht z. B. Martin Luther darauf aufmerksam: „So verhält es sich mit der ganzen Heiligen Schrift, daß sie sich aus allen ihren Teilen zusammengetragenen Stellen selbst auslegen und ihre alleinige Lehrmeisterin sein will. Das ist auch vor allem die sicherste Weise, den Sinn der Schrift zu erforschen, wenn du dich befleißigst, nach erfolgter Zusammenstellung und genauer Beachtung der einzelnen Stellen zum Gesamtverständnis zu kommen" (Vorlesung über das 5. Buch Mose, 1523/24). Oder Spener: „Ich halte die Heilige Schrift wegen der Kraft für eine solche teure und starke Arznei, daß man sie nicht mit ganzen Bechern, sondern mit Löffeln, ja mit Tropfen am nützlichsten einnimmt. Einer, der bereits Erkenntnis hat, wird finden, daß er sich mehr erbaut und gestärkt fühlt, wenn er sich einen kleinen Text vornimmt und nach einem herzlichen Gebet alle Worte darin fleißig erwägt, um die Kraft derselben und der darin enthaltenen Lehre zu schmekken, als wo er vieles liest, aber nur auf das achtgibt, was sich im ersten Augenblick darbietet."

Ferner einige Aussagen zum Thema von Bengel: „Beim Umgang mit schwierigen Textstellen sollten wir nicht das Klare aus den dunklen Stellen, sondern die dunklen aus den klaren Stellen erläutern und außerdem die göttliche Weisheit, die alles übersieht, aber nicht alles unseren Augen eröffnet, in ihren Rätseln verehren."

Am Anfang seines Römerbrief-Kommentares von 1922 schreibt Karl Barth: „Die Heilsbotschaft Gottes hat Paulus auszurichten: Zu Händen der Menschen, die ganz und gar neue, die unerhört gute und frohe Wahrheit Gottes. Aber eben Gottes! Also keine religiöse Botschaft, keine Nachrichten und Anweisungen über die Göttlichkeit oder Vergöttlichung des Menschen, sondern Botschaft von einem Gott, der ganz anders ist, von dem der Mensch als Mensch nie etwas wissen noch haben wird und von dem ihm eben das Heil kommt. Also kein direkt zu verstehendes, einmalig zu erfassendes Ding unter Dingen, sondern das unter Furcht und Zittern immer neu zu vernehmende, weil immer neu gesprochene Wort des Ursprungs aller Dinge. Also nicht Erlebnisse, Erfahrungen und Empfindungen, und wären es solche höchsten Ranges, sondern schlichte objektive Erkenntnis dessen, was kein Auge gesehen, was kein Ohr gehört. Also aber auch eine Mitteilung, die nicht nur auf Notiznahme, sondern auf Teilnahme, nicht nur auf Verstand, sondern auf Verständnis, nicht nur auf Mitgefühl, sondern auf Mitarbeit rechnet, eine Mitteilung, die

Glauben an Gott, an Gott selbst voraussetzt, indem sie ihn schafft."

Das war die große Tat Karl Barths – so kritisch man auch manchen Teilen seiner Theologie gegenüberstehen mag –, daß er nach dem 1. Weltkrieg der liberalen Theologie entgegenschleuderte: „Gott hat geredet. Wir haben dieses Reden Gottes zu hören. Es geht nicht darum, was wir über Gott denken, sondern um das, was Gott über uns denkt." Daß Karl Barth den Objektivismus dann weit überzogen hat, steht auf einem anderen Blatt. Wir können also von unseren geistlichen Vätern im Blick auf das Schriftverständnis und die Schriftauslegung viel lernen. Wir sollten diese Väterstimmen nicht überhören.

Als der Apostel Paulus von den Ältesten von Ephesus in Milet Abschied nimmt (Apg 20), sagt er, daß er ihnen den ganzen Ratschlag Gottes verkündigt habe (V. 27). Es geht also darum, daß wir den ganzen Reichtum der Heiligen Schrift kennenlernen. Die Schrift hat eine große Weite und Tiefe. Adolf Schlatter kann im Rückblick auf seine Erfahrungen mit der Bibel schreiben: „Die Schrift ist unerschöpflich." Er fährt fort: „Das Merkmal Gottes ist Unerschöpflichkeit, und dieses Merkmal haftet nach meiner Erfahrung in voller Deutlichkeit an der Schrift."

Es geht also darum, daß wir auf Entdeckungsreise gehen, wenn wir die Heilige Schrift aufschlagen. Jeder Text will neu gehört werden. Aus jedem Text will das Besondere, das Einzigartige herausgeholt werden.

Was heißt biblische Verkündigung?

Hier möchte ich in besonderer Weise die Verantwortung der hauptamtlichen Brüder und Schwestern ansprechen, vor allem unserer Prediger und Pfarrer. Nur biblische Verkündigung erbaut die Gemeinde, stärkt den Glauben und macht des Heiles gewiß. Leider gibt es unter uns auch in der Gemeinschaftsbewegung heute oft viel Oberflächlichkeit in der biblischen Verkündigung. Es gibt eine Verkündigung, die biblischer Verkündigung ähnelt, aber doch keine biblische Verkündigung ist. Ich möchte nur daran erinnern, wie oft unter uns Gesetz und Evangelium verwechselt werden, wie oft aus dem Evangelium ein Gesetz gemacht wird. Ich darf nur daran erinnern, wie oft die dringend nötige Verkündigung der Heiligung zu einer gesetzlichen und damit verdorbenen Heiligungsverkündigung wird. Wie oft wird aus der Verkündigung des Gesetzes eine gesetzliche Verkündigung. Wie oft sagen wir weniger, als die Schrift sagt; wie oft aber auch mehr, als die Schrift uns an die Hand gibt. Das Spekulieren mit dem Worte Gottes ist eine schlimme Sache. Auch wir müssen uns an dieser Stelle von dem Apostel Paulus zurechtweisen lassen: „Nicht über die Schrift hinaus!“ (Gal 1,8-9).

Damit ist die Frage nach der Exegese gestellt. Können wir noch Exegese treiben? Legen wir wirklich die Schrift aus? Fragen wir – ehe wir die Frage stellen: „Wie sagen wir dieses Wort weiter?“ – „Was steht eigentlich da?“ Wir haben heute viele Hilfsmittel, die uns bei der Exegese helfen. Wir haben die verschiedensten Kommentare wissenschaftlicher und allgemeinverständlicher Art. Wir haben verschiedenste Bibelübersetzungen. Bei mir will einfach die Frage nicht weichen, ob nicht die Exegese ein Schwachpunkt in unserer Arbeit und in unserem Umgang mit der Schrift ist. Wenn ich gefragt werde, was ich für besonders wichtig im Blick auf unsere Ausbildungsstätten halte, dann betone ich immer wieder: Exegese und nochmals Exegese!

Bei allen guten Übersetzungen der Bibel ist es dennoch notwendig, daß die biblischen Sprachen erlernt und studiert werden. In den Erweckungszeiten haben oft einfache Menschen, Bauern und Arbeiter, Griechisch gelernt, um das Neue Testament in der Ursprache lesen zu können.

Wir wollen uns von Martin Luther sagen lassen: „Ich wollte bitten, daß ihr die Sprachen nicht so verachtet, sondern, weil ihr sie gut könnt; eure Prediger und geschickten Knaben allesamt gut Lateinisch, Griechisch und Hebräisch lernen ließet. Ich weiß auch für wahr, daß wer die Schrift predigen und auslegen soll und nicht Hilfe an der lateinischen, griechischen und hebräischen Sprache hat, sondern es allein aus der Muttersprache tun soll, der wird gar manchen schönen Fehlgriff tun. Denn ich habe es erfahren, wie die Sprachen über die Maßen zum reinen Verständnis göttlicher Schrift helfen." Gerade die Reformatoren und die frühen pietistischen Väter haben uns im Blick auf die biblische Verkündigung ganz wesentliche und wertvolle Dienste getan. Sie haben uns darauf hingewiesen, daß wir auf die Schriftzusammenhänge achthaben müssen. Sie haben uns gelehrt, die Schrift durch die Schrift auszulegen. Und sie haben uns schließlich auch beibringen wollen, daß wir die einzelnen Worte der biblischen Texte wirklich abhorchen und abklopfen.

Hier sei ein Wort zur Schriftauslegung der Laien in der Gemeinschaftsbewegung gesagt. Wir wollen nicht dem Dünkel verfallen, als könnten nur ausgebildete Theologen die Schrift auslegen und biblisch verkündigen. Es war und es ist die Stärke unserer Bewegung, daß in ihr viele Menschen, die einen persönlichen Umgang mit der Bibel pflegen, sie auch bei den verschiedensten Gelegenheiten auslegen. Es ist erstaunlich, wie Laien, die einen betenden Umgang mit Gottes Wort pflegen, in die Schrift hineinführen und sie auslegen können. Auch wenn man da und dort historische oder exegetische Einwände bringen könnte, so treffen sie doch oft den Nagel auf den Kopf. Sie reden nicht am Text vorbei, sondern sie führen in ihn hinein. Daß es auch andere, erschreckende Beispiele gibt, ist mir wohl bewußt. Hier liegt aber auch eine große Aufgabe unserer hauptamtlichen Brüder und Schwestern. In der Zurüstung der Laienmitarbeiter zur Wortverkündigung ist es nötig, daß Texte durchgearbeitet werden und so auch unsere Brüder und Schwestern aus dem „Laienstande" das rechte Handwerkszeug zur Schriftauslegung in die Hand bekommen.

Wenn wir uns gegenseitig helfen, die Schrift recht zu verstehen und auszulegen, so werden wir vor vielen Irrwegen bewahrt, vor denen wir auch in der Gemeinschaftsbewegung, im Pietismus, nicht gefeit sind. Eine Schriftauslegung, die in die Weite und Tiefe, in die Höhe und Breite des göttlichen Wortes einführt, bewahrt uns zunächst einmal vor aller Schwärmerei. Das biblische Wort schafft nüchterne Leute. Die Schwärmerei beginnt immer dort, wo besondere „Steckenpferde“ geritten werden. Sie entsteht dort, wo Menschen in den geistlichen Hochmut geraten, der nicht mehr erkennen kann und will, daß unser aller Erkennen Stückwerk ist und bleibt.

Und wir werden geschützt vor der Sektiererei. Sie entsteht meist dort, wo Erkenntnisse, seien sie nun richtig oder falsch, so absolut gesetzt werden, daß ein Hören auf Brüder und Schwestern nicht mehr möglich ist. Ergänzung und Korrektur werden abgelehnt. Man dünkt sich besser, geistlicher und sondert sich von den anderen ab.

Durch eine biblische Schriftauslegung und Verkündigung werden wir aber auch geschützt vor aller geistlichen Oberflächlichkeit. Die Schrift hat Tiefgang. Das muß auch in unserer Verkündigung zum Ausdruck kommen. Die Gemeinde Jesu kann nicht von frommen Geschichtchen leben, sondern sie muß hineingeführt werden in den Reichtum des göttlichen Wortes.

Etwas burschikos gesagt: Werden die Schafe auf unserer Weide satt, dann suchen sie sich keine fremden Futterplätze. Daß ich nicht falsch verstanden werde: Biblische Schriftauslegung und Verkündigung kann durchaus schlicht und einfach, volkstümlich und lebensnah sein. Das ist etwas ganz anderes als Oberflächlichkeit.

4. Umkehr zur Bibel

Die Frage soll angesprochen werden, was wir als Bibelbewegung tun können, um Gottes Wort neu unter das Volk zu bringen.

Die Reformation, auf die wir uns berufen, war eine Bibelbewegung. Luther war Bibel-Theologe. Es ging ihm darum, „seinen lieben Deutschen“ das Wort Gottes in die Hand zu geben. Er hat ein Leben lang an der Bibelübersetzung gearbeitet. Es ist ein Geschenk des Himmels gewesen, daß damals Gutenberg die Buchdruckerkunst erfand und so Bibeln in großer Zahl gedruckt und unter dem Volk verbreitet werden konnten. Luther kann im Schlußwort zur Weihnachtspostille von 1522 schreiben: „Oh, daß doch Gott wolle, meine und aller Lehrer Auslegungen gingen unter und ein jeglicher Christ nähme selbst die bloße Schrift und das lautere Gotteswort vor sich! Darum hinein, hinein, liebe Christen und laßt mein und aller Lehrer Auslegen nur ein Gerüst sein zum rechten Bau ..."

Auch der frühe Pietismus ist eine Bibelbewegung. Denken wir an August Hermann Francke. Erich Beyreuther schreibt in seiner Geschichte des Pietismus: „Seit Franckes Lebenswende weiß er sich berufen, das Bibelstudium wieder in die Mitte des Lehrbetriebes zu stellen. Für diesen Kampf, der Bibel wieder ihren gebührenden Platz in Haus, Schule und Kirche einzuräumen, rüstet er sich ..." Die Schrift will er selbst zum Reden bringen. Er entdeckt, daß die griechischen Ausdrücke im Neuen Testament erst völlig lebendig werden, wenn man den ganzen Reichtum der griechischen Sprache in der Fülle ihrer Ausdrucksmöglichkeiten überschaut.

Innerhalb der Franckischen Anstalten in Halle gründet Carl Hildebrand Freiherr von Canstein (1667–1719) eine Bibelanstalt. Beyreuther urteilt über Francke: „Francke hat die Bibel in den Mittelpunkt gerückt nicht nur für den Pietismus, sondern für die ganze Theologie und für die ganze Kirche."

Die Erweckungsbewegungen sind immer Bibelbewegungen. So ist es eben auch in unserer Gemeinschaftsbewegung.

Auch heute haben sich gläubige Männer und Frauen zu besonderen Vereinen zusammengeschlossen, um Gottes Wort unter das Volk zu bringen. Ich denke dabei z.B. an die „Gideons" oder auch an den „Taschenbibelbund", der als Mitglied zum Gnadauer Verband gehört. Aber die Frage darf uns nicht loslassen: Wie bringen wir die Bibel unter das Volk? Wo sind Wege, die wir gehen können? Unser Volk darf kein bibelloses Volk werden.

Hier liegen für uns wichtige Aufgaben. Ich bin der Überzeugung, daß es gerade in der Kinderarbeit anfangen muß, die Bibel den Kindern lieb und groß zu machen.

Ich schließe mit einem Wort Martin Luthers aus dem Großen Katechismus: „Das Wort Gottes ist das Heiligtum über alle Heiligtümer ... welche Stunde man nun Gottes Wort handelt, predigt, lieset oder bedenket, so wird dadurch Person, Tag und Werk geheiligt. Derhalben sage ich allezeit, daß all unser Leben und Werk im Worte Gottes gehen müssen, sollen sie Gott gefällig oder heilig heißen."

Die Bibel ist Gottes große, heilige und gnädige Gabe an uns. Wir können nur darüber staunen, daß der lebendige Gott sich in die „Windeln" des menschlichen Wortes gelegt hat. Nur so können wir ihn „verstehen". Es ist ein Wunder der Barmherzigkeit, daß Gott mit uns hebräisch und griechisch, lateinisch und englisch, deutsch und dänisch, schwedisch, finnisch und ungarisch ... spricht.

Die Bibel ist für uns die große Autorität. Wir können uns ihr nur in Ehrfurcht nahen. Wir betreten heiliges Land, wenn wir die Schrift öffnen. Wir können uns immer wieder nur in Demut vor der Schrift beugen. „Wir sind nicht dazu da, daß wir die Bibel kritisieren, sondern sie kritisiert uns", hat Sören Kierkegaard mit Recht gesagt. Die Schrift ist der Meister, wir sind die Schüler.

Und wir können nur immer wieder neu mit großer Dankbarkeit die Schrift in die Hand nehmen. Unser Gott ist nicht stumm geblieben. Er ist nicht in der Verhüllung geblieben. „Unser Gott kommt und schweigt nicht" (Ps 50).

Wer über die Schrift nicht mehr staunen kann, der weiß nicht, welch einen Schatz wir in unseren Händen halten.

Zukunft durch Umkehr zur Bibel – dabei wollen wir bleiben: Wir wollen das Wort Gottes festhalten in allen kommenden Stürmen. Wir wollen das Wort Gottes hochhalten und es nicht verstecken. Wir wollen das Wort Gottes den Menschen hinhalten, weil man auf dieses Wort das Leben gründen kann.

Evangelisierende Gemeinde – heute

An den Anfang stelle ich zwei Artikel aus der theologischen Grundlegung zum missionarischen Jahr „Christ aktuell“ 1980:

„Gottes Schöpfungswerk gründet und erhält die ganze Welt. Gottes Heilsbotschaft in Jesus Christus gilt allen Menschen. Gottes Endgericht fordert alle vor seinen Richterstuhl. So liegt es im Inhalt dieser Botschaft selbst beschlossen, daß sie allen Menschen gilt und ihre ganze Existenz betrifft, Familie und Nachbarschaft, Geschäftspartner und Kollegen, Ausländer und Einheimische, Nahe und Ferne. Die Kirche ist das Werkzeug, die Gemeindeglieder sind die Mittler der Botschaft Jesu Christi. Kirche kann nichts anderes als missionarische Kirche sein.“ (Artikel 8).

„Wer ist beteiligt? Die Gemeinde ist Frucht der Mission, zugleich aber auch ihr Wurzelboden und Träger. Als Ganze und mit allen ihren Gliedern steht sie in Gottes Zeugendienst. Die Glieder am Leibe sind verschieden. Das in der Reformationszeit neu entdeckte, allgemeine Priestertum aller Gläubigen steht wider das Monopol eines Standes wie wider die Nivellierung aller Dienste. Es darf nicht in das allgemeine Nichtstun nur passiver Mitgliedschaft umschlagen. Von der Gemeinde und allen ihren Gliedern mitvollzogen, wirkt sich das missionarische Jahr nicht nur als Zeugnis nach außen, sondern auch als Belebung nach innen aus. Es geht darum, eines jeden besondere Gaben zu entdecken und zu nutzen.“ (Artikel 13).

Es sei mit der Erwähnung des „Missionarischen Jahres 1980“ und ihrer theologischen Grundlegung daran erinnert, daß sich auf diese Artikel alle evangelischen Landes- und Freikirchen sowie die Gemeinschaftsverbände und freien Missionswerke, die eben das „Missionarische Jahr“ mitgetragen haben, geeinigt haben.

Einige Vorbemerkungen

1. Evangelisation ist nicht Sache einiger Spezialisten, sondern Sache der ganzen christlichen Gemeinde. Das ist eine wesentliche Erkenntnis, die uns aus dem Neuen Testament neu geschenkt worden ist. Es sei an dieser Stelle auch an die Ausführungen von Theo Sorg erinnert: „Die Evangelisation der Welt verlangt, daß die ganze Gemeinde der ganzen Welt das ganze Evangelium bringt. Die Gemeinde bildet die Mitte des weltumfassenden Planes Gottes und ist sein auserwähltes Werkzeug zur Verbreitung des Evangeliums. Der Heilige Geist ist ein missionarischer Geist. Evangelisation soll deshalb aus der geisterfüllten Gemeinde wie von selbst erwachsen. Wenn eine Gemeinde keine missionarische Gemeinde ist, widerspricht sie sich selbst und dämpft den Geist." (Aus: Wie wird die Kirche neu?). Mit diesen Sätzen zitiert Theo Sorg aus dem Artikel 6 und dem Artikel 14 der Lausanner Verpflichtung; dann schreibt Sorg weiter: „Träger der Evangelisation ist demnach nicht in erster Linie der charismatische Evangelist, sondern die missionierende Gemeinde."

2. Evangelisation, das wollen wir immer wieder unterstreichen, hat vielerlei Gestalten, sie geht auf vielen Wegen, aber sie hat immer ein Ziel, nämlich Menschen für Jesus Christus zu gewinnen.

3. Das „Missionarische Jahr 1980", das hinter uns liegt, wies aber im Grunde genommen in die Zukunft, denn die Besinnung in diesem missionarischen Jahr wollte Weichen stellen und Impulse geben für das Evangelisieren in die Zukunft hinein, wollte weiterhin Prozesse der Besinnung und des Nachdenkens einleiten und Anstöße und Hilfen geben und vermitteln.

1. *Evangelisierende Gemeinde kommt aus der Stille*

Ich könnte auch formulieren: Sie kommt aus der geistlichen Sammlung. Man kann solch ein Thema nicht abhandeln, indem man mit einem Ruf zu Aktionen beginnt. In geistlichen Vorgängen steht am Anfang nicht der Befehl, der Appell, die Aufforderung. Es geht zuerst gar nicht um unsere Aktivitäten. Über ihnen könnte das Wort der Bibel stehen: „Du zerarbeitest dich in der Menge deiner Wege“ (Jes 57,10). Oder es könnte uns das Wort Jesu treffen, das er in jenem Haus in Bethanien gesagt hat, in dem er so gerne einkehrte: „Marta, du hast viel Sorge und Mühe. Eins aber ist not“ (Lk 10,41-42). Alle christliche Aktivität ohne geistliche Sammlung führt zum frommen Betrieb, der schließlich zum christlichen Leerlauf wird. Selbstgesteuerte Aktivitäten bleiben ohne geistliche Frucht. In der Stille der Sammlung vollzieht sich ein doppelter geistlicher Vorgang.

In der Stille hören wir auf das Wort des Herrn. Es ist die große Frage, ob wir im Lärm unserer Welt wirklich noch hören können. Darum wird es wesentlich sein, daß wir die Bitte des Propheten Jesaja zu unserer Bitte machen, daß Gott uns das Ohr öffnen möchte, daß wir hören wie ein Jünger hört.

Das Wort, auf das wir in der Stille hören, will einen dreifachen Dienst an uns tun:

– Es will uns ermutigen im Glauben und Dienst. Wir sind ja oft auch als Christen so müde Leute geworden. Anfechtungen und Versuchungen und eine Fülle von Aufgaben zehren auch an unseren geistlichen Kräften. Und wenn wir auf den Ertrag unserer Arbeit sehen, steckt uns dann nicht doch manches Mal die resignierende Frage in Kopf und Herzen: Hat alle Arbeit denn überhaupt einen Wert? Wo ist die Frucht? Hören wir aber auf das Wort unseres Herrn, dann wird es uns immer wieder ermutigen, weil es uns sagt, daß nichts umsonst ist, was wir im Namen Jesu tun. Ich erinnere an das Wort, mit dem das große 15. Kapitel des 1. Korinther-Briefes abschließt: „Darum, meine lieben Brüder, seid fest, unerschütterlich und nehmt immer zu in dem Werk des Herrn, weil ihr wißt, daß eure Arbeit nicht vergeblich ist in dem Herrn“ (1.Kor 15,58).

– Das Wort unseres Herrn aber gibt uns auch Weisung. Gott zeigt uns in seinem Wort Wege, die wir gehen sollen, Wege zu den Menschen. Er zeigt uns in seinem Wort Aufträge, die wir anpacken und erfüllen sollen in seinem Namen und in seiner Kraft. Er zeigt uns in seinem Wort Weichenstellungen. Wir werden auf falsche, verkehrte Wege aufmerksam gemacht. Das Wort sagt uns: „Da ist der Weg, den geht!"

– Das Wort aber ist für unser Glaubensleben auch die rechte Korrektur. Im Spiegel des Wortes erkennen wir, was wir in unserem eigenen geistlichen Leben und in unserem Dienst für unseren Herrn falsch machen. Wir erkennen im Wort, wenn wir es aufrichtig und ehrlich unter der Leitung des Heiligen Geistes lesen, wo wir uns verrannt haben. Wir erkennen auch, wo es in unserem eigenen geistlichen Leben in unserem Verhältnis zu Gott nicht mehr stimmt. Das Wort macht uns auf Sünden in unserem Leben aufmerksam, die unser geistliches Leben blockieren und den Segen hemmen, den wir anderen Menschen weitergeben sollen.

In der Stille aber vollzieht sich entscheidend auch das Gespräch mit unserem Herrn. Unser Beten ist ja die Antwort auf den Zuspruch und auf den Anruf unseres Gottes, den wir aus seinem Wort vernommen haben.

Im Blick auf unser Reden mit Gott geht es mir im Zusammenhang unseres Themas um ein Vierfaches:

– In unser Gespräch mit unserem Herrn gehört die Beugung und die Bitte um die Reinigung unseres Lebens hinein. Wie oft werden wir vor Gott schuldig! Wie oft versündigen wir uns an Menschen. Wie oft beflecken wir uns selber durch die Sünde. Nichts ist für uns nötiger, als die demütige Beugung über unser Versagen und unsere Unvollkommenheit und die Bitte um die Vergebung durch das Blut Jesu Christi, das uns rein macht von aller Sünde (1.Joh 1,7).

– Wir dürfen in unserem Reden mit unserem Herrn aber auch um Kraft und Hilfe, um Weisung und Weisheit bitten. Leiden wir nicht sehr oft unter unserer Ohnmacht? Wie gerne würden wir in der Vollmacht des Heiligen Geistes Mächten entgegentreten und sind dabei so arm! Leiden wir nicht oft unter unserer Hilflosigkeit, daß wir es einfach in der Begegnung mit Menschen nicht wissen, was wir tun oder sagen sollen? Oft fehlt uns das rechte Wort im rechten Augenblick. Wir ringen darum und finden es nicht. Erfahren wir nicht auch immer wieder unsere Grenzen in den irdischen Bezügen unseres Lebens, aber auch in geistlichen Fragen und geistlichen Notwendigkeiten?

– Und im Gespräch mit unserem Herrn sollte die Fürbitte sehr konkret sein. Wir dürfen mit Gott reden über Menschen, gerade auch über Menschen, mit denen wir über Gott nicht mehr reden können, weil sie sich dem Zeugnis verschlossen haben. Wir wollen in der Fürbitte auch denken gerade an solche Menschen, mit denen wir über Gott reden wollen, daß unser Herr eine Tür auftue für das Wort zu ihren Herzen.

– Schließlich gehört wesentlich zu unserem Beten die Danksagung. Wie dürfen wir uns darüber freuen, daß unser Herr gegenwärtig ist an jedem Tag! Wie ist das zum Staunen, daß er uns gebrauchen will zu seinem Dienst als Träger des Evangeliums. Wie ist das großartig, daß wir Tag für Tag von seiner Güte leben und er uns mit irdischen und geistlichen Gütern und Gaben beschenkt.

Solches Leben in der Stille in einer mörderischen, lärmenden und gehetzten Welt und Zeit ist eine unabdingbare Voraussetzung für die missionarische Stoßkraft des einzelnen Christen und einer christlichen Gemeinde insgesamt. Ein Christ, der nicht mehr aus der Bibel lebt und nicht mehr ausreichend Zeit zum Gebet hat, steht auf gefährlichem Posten. Und im Blick auf unsere Gemeinden gilt es, die Notwendigkeit von Bibel- und Gebetskreisen ganz neu zu erkennen. Aus diesen Zellen der Stille heraus erwächst Auftrag und Stoßkraft einer missionarischen und evangelisierenden Gemeinde. Der Sendung zu den Menschen geht immer die Sammlung um den Herrn voraus.

Freilich darf die Sammlung nicht zum Selbstzweck werden. Dann ziehen wir uns zurück in eine selbsterwählte, aber unerlaubte Gettoexistenz. Wenn wir aber nur noch die Sendung kennen und die Sammlung gleichsam ausfällt, dann verlaufen wir uns in tausend Wegen. Sammlung zur Sendung – darum geht es.

2. Evangelisierende Gemeinde hat drei Grunderkenntnisse aus dem Evangelium

2.1 Sie weiß um die Verlorenheit des Menschen vor Gott

Die Gemeinde weiß das aus der Heiligen Schrift. Dort heißt es z.B.: „Ohne Glauben ist es unmöglich, Gott zu gefallen" (Hebr 11,6). Oder an einer anderen Stelle: „Wer den Sohn Gottes nicht hat, der hat das Leben nicht, sondern der Zorn Gottes bleibt über ihm" (Joh 3,36). Wir Christen sehen die irdischen Nöte des Menschen. Und wehe, wenn wir keinen Blick mehr dafür hätten. Wehe uns, wenn wir in einer übergeistlichen Haltung an ihnen vorübergehen würden. Wir Christen sehen mit hellen Augen den Hunger in der Welt, die ungerechten Strukturen, unter denen Menschen leiden. Wir sehen das Leiden kranker und gequälter Menschen. Wir sehen das oft entsetzliche Sterben von Menschen in Revolutionen und Kriegen und in den Notgebieten der Welt. Und wir Christen dürfen an diesen Nöten nicht vorbeigehen, sondern wir haben zu helfen, wo und wenn wir helfen können. Wir gehören einem Herrn, bei dem immer beides beieinander gewesen ist: Wort und Tat. Der Christus, der das Reich Gottes verkündigt hat, ist an den irdischen, leiblichen Nöten der Menschen seiner Zeit nicht vorbeigegangen. Das halten wir fest. Aber alle diese Nöte dürfen uns den Blick nicht verkürzen. Wir dürfen den Menschen nicht nur in seiner heutigen Not sehen. Wir müssen im Licht der Bibel den Menschen in seiner letzten Stunde sehen. Wir müssen neu erkennen, daß einmal im Gericht Gottes ein letzten Urteil über den Menschen ergeht. Der bedeutende Theologe Julius Schniewind hat immer wieder darauf hingewiesen, daß es bei der Rettung des Menschen um seine Rettung im letzten Gericht geht. Die Schrift sagt: „Es ist den Menschen bestimmt, einmal zu sterben, danach aber das Gericht" (Hebr 9,27).

2.2 *Die Gemeinde weiß um den einen und einzigartigen Retter*

Dieser ist von Gott gesandt für die Verlorenen und die Verschuldeten. Wir denken an die großen Worte des Neuen Testamentes. Wir erinnern uns besonders an das Lukas-Evangelium, in dem uns Jesus groß gemacht wird als der Retter der Verlorenen, als der Heiland der Sünder. In der Heiligen Nacht wird er von den Engeln verkündigt als der Heiland, der geboren ist (Lk 2, 10). In Lukas 15, 1 ff stellt er sich selber vor als der gute Hirte, der das Verlorene sucht. In Lukas 19, 1ff geht Jesus in das Haus des verachteten Oberzöllners Zachäus und hilft ihm zu einem neuen, anderen Leben. Als der Herr am Kreuz hängt, da nimmt er den Schächer noch mit in das Paradies (Lk 23). Jesus Christus ist der Retter, der gekommen ist, um das Verlorene zu suchen. Durch sein Sterben können wir Vergebung der Sünden empfangen. Unter seinem Kreuz wird das Leben erneuert. Er ist der große Heilsbringer, der es uns schenken will.

2.3 *Die Gemeinde weiß um den Retterwillen Gottes heute*

Der Mensch von heute will in seiner Lage vor Gott ernstgenommen sein. Das Evangelium vom Retter will heute zu den Menschen gebracht werden. Noch einmal sei es unterstreichend gesagt, daß die Gemeinde Trägerin und Zeugin der Heilsbotschaft ist. Gott will, daß heute Menschen geholfen wird, daß sie heute gerettet werden, daß sie heute mit Christus bekanntgemacht und zum Glauben an ihn gerufen und eingeladen werden.

3. Evangelisierende Gemeinde ist bewegt von der Liebe Jesu

Von Jesus heißt es in den Evangelien, daß er als die Liebe Gottes unter uns gewesen ist. Am Schluß des 9. Kapitels des Matthäus-Evangeliums wird von Jesus gesagt, daß ihn ein erschütterndes Mitleid mit dem Volk überfallen hat. Es ging ihm wirklich an die

Nieren. Es dreht sich ihm das Herz im Leibe um. Das Volk ist hingestreckt wie eine sterbende Schafherde. Da greift er in seiner Liebe und in seinem Erbarmen ein und hilft durch Wort und Tat.

Oder in Lukas 15,1 ff wird Jesus der Vorwurf gemacht, daß er mit den Sündern ißt und trinkt, daß er zu ihnen in die Häuser geht und daß er Gemeinschaft mit ihnen hält. Aber Jesus geht zu ihnen, weil er sie liebt. Er geht zu denen, die vor Gott verloren sind. In seiner Liebe setzt er sich den Vorwürfen und den Anwürfen der Frommen seiner Zeit aus, die für die Verlorenen nur das Urteil haben: „Brennholz für die Hölle!" Diese „Gerechten" ahnen selbst nicht, wie verloren sie sind.

Der Evangelist Johannes erzählt uns, wie Jesus einer samaritanischen Frau am Brunnen begegnet und wie er mit ihr ein Gespräch anfängt (Kap. 4). Menschlich gesehen ist das eine fragwürdige Frau, mit der Jesus sich einläßt. Einmal ist sie eine Samariterin, zum anderen ist sie eine stadtbekannte Dirne. Aber Jesus durchstößt die Grenzen der Rasse, der Religion, der Sünde und geht auf diese Frau zu, weil er ihr aus seiner Liebe heraus helfen will. Bedenken wir, wie dann durch diese Frau eine Erweckung in Samarien ausgelöst wird!

Wir erinnern uns auch an das große Jesuswort, das als Überschrift über das ganze Markus-Evangelium gesetzt werden könnte: „Denn auch der Menschensohn ist nicht gekommen, daß er sich dienen lasse, sondern daß er diene und sein Leben gebe als Lösegeld für viele" (Mk 10,45). Das ist seine Liebe: Er gibt sein Leben zum Opfer für die Verlorenen. Das heißt aber: für uns! Es ist die Liebe Jesu, die den Menschen sucht und die keinen verachtet. Es ist die Liebe Jesu, die Menschen anspricht und hilft und vergibt. Noch einmal sei darauf hingewiesen, daß Jesus sich dabei Vorwürfen und Mißverständnissen aussetzt. Aber er hört nicht auf die Stimmen der Menschen. Er ist der von Gott Gesandte. Er ist die Liebe Gottes in Person unter uns. Paulus spricht im Blick auf seinen evangelistischen Dienst davon, daß die Liebe Christi ihn und seine Mitarbeiter antreibt (2.Kor 5,14). Diese Liebe geht hin und sucht Menschen auf. Von Jesus wird im Lobgesang des

Zacharias (Lk 1) gesagt, daß er als „der Aufgang aus der Höhe uns daheim besucht“.

Es geht um das Hingehen dorthin, wo die Menschen daheim sind. Jesus sagt seinen Jüngern nicht: Wenn ich jetzt von euch gegangen sein werde, dann zieht euch zurück, sondern: „Gehet hin“! Diese Liebe, die wir bei Jesus kennenlernen und die die Apostel in seiner Nachfolge praktiziert haben, kann hören und reden. Wie tut das einem Menschen gut, wenn ihm einmal einer wirklich zuhört! Wie entlastet es die Seele eines Menschen, wenn er einmal über seine Sehnsüchte und seine Nöte, über seine Ängste und über seine Fragen sprechen kann. Da, wo Menschen in der Liebe Jesu sind, werden sie behutsam sein mit ihren Antworten, sie werden mit dem anderen verstehend reden und helfen. Sie werden mit ihm reden im Ton des Evangeliums.

Vom Knecht Gottes heißt es beim Propheten Jesaja: „Gott der Herr hat mir eine Zunge gegeben, daß ich wisse, mit den Müden zu rechter Zeit zu reden“ (Jes 50,4). Es gibt ja auch so viele müde Menschen heute unter uns, und zwar in allen Altersgruppierungen und in allen sozialen Schichtungen.

Diese Liebe, die wir bei Jesus lernen, ringt um Menschen. Oft ist dieses Ringen ein Kampf mit Gott um Menschen. Dieser Kampf vollzieht sich im Gebet, vielleicht ist es ein Ringen mit Gott um den eigenen Lebensgefährten oder um das eigene Kind. Aber dann lädt die Liebe Jesu auch Menschen ein zum Glauben an unseren Herrn. Allerdings wird es bei dieser Einladung zum Glauben nötig sein, daß wir uns gut überlegen, wie wir sie weitergeben. Man kann evangelisieren, indem man den anderen das sehr deutlich spüren läßt, wie er von uns als Missionsobjekt gesehen wird. Zu Jesus einzuladen im Ton des Evangeliums, das heißt doch, dem anderen zu sagen oder ihn spüren zu lassen: Du bist von Gott geliebt. Auch für dich gilt: „So sehr hat Gott die Welt geliebt, daß er seinen eingeborenen Sohn gab, damit alle, die an ihn glauben, nicht verloren werden, sondern das ewige Leben haben“ (Joh 3,16).

4. Evangelisierende Gemeinde bietet Menschen eine Glaubensheimat

Das Ziel alles Evangelisierens ist es, Menschen für Christus zu gewinnen. Wenn Menschen zum Glauben an Christus gekommen sind, dann dürfen sie ja nicht allein sein. Sie brauchen eine Glaubensheimat, in der sie sich wohlfühlen und in der sie geistlich wachsen können. Christus ruft, wenn er einen Menschen durch das Evangelium und durch unser Zeugnis zu sich ruft, zugleich zu den Brüdern und Schwestern in die Gemeinde hinein. Das ist die große Frage: Sind unsere Gemeinden und Gemeinschaften wirklich Stätten, in denen Menschen eine innere Heimat finden können? Es geht ja um dreierlei im Blick auf Menschen, die zum lebendigen Glauben gekommen sind:

Einmal: Sie wollen angenommen sein als Brüder und Schwestern. Angenommen sein, das heißt aber, daß wir sie mit ihrem Dasein und Sosein ernst nehmen und sie mit hineinnehmen in unsere Gemeinschaft, die wir miteinander in Christus haben. Es ist nicht immer ganz leicht, Menschen, die „aus der Welt“, also von ganz draußen gewonnen worden sind, in die Gemeinde zu integrieren. Doch dürfen wir keinem Menschen das Gefühl geben, daß er unter uns ein Fremdkörper ist. Wir dürfen auch keinen, z.B. wenn er Fragen stellt und seinen Zweifeln Ausdruck gibt, als Störenfried empfinden. Wenn einer anders gekleidet ist, als wir es in unseren frommen Kreisen gewohnt sind, dann wollen wir ihn nicht als einen Außenseiter links liegen lassen. Annehmen, darum geht es!

Zum anderen: Zum Glauben gekommene Menschen wollen seelsorgerlich begleitet werden. Das darf freilich nicht aufdringlich geschehen. Aber Menschen, die Jesus uns anvertraut hat, sollen wissen, daß sie sich an die Gläubigen in der Gemeinde wenden können mit ihren Fragen und Problemen. Sie sollen wissen: Da sind Menschen, die haben Zeit für mich, die haben mich lieb.

Zum Dritten: Zum Glauben Gekommene wollen geistlich weitergeführt werden. Wer zum Leben kommt, der hat Hunger. Das Kind, das geboren worden ist, schreit, wenn es Hunger hat. Viele Vorgänge des geistlichen Lebens entsprechen dem natürlichen Leben. Der wiedergeborene Mensch hat Hunger nach dem Brot des Lebens. Er will hineinwachsen in die Erkenntnisse des Wortes Gottes. Er will sein geistliches Wissen vergrößern und vertiefen. Er will durch die Heilige Schrift und durch reifgewordene Christen Lebenshilfe empfangen, damit er sich als Glaubender in dieser Welt zurechtfinden kann. Finden das Menschen in unseren Gemeinden und Gemeinschaften? Oder ist das alles eine große Anklage an viele unserer Gemeinden und Gemeinschaften?

5. Evangelisierende Gemeinde ist leidensbereite Gemeinde

Unsere Lage ist nicht durch das Leiden um des Evangeliums willen gekennzeichnet. Aber wir müssen diesen wesentlichen Aspekt im Auge behalten. Wir müssen das aus zwei Gründen tun: Einmal auf dem Weg durch die letzte Zeit ist die Gemeinde Jesu weltweit auf dem Weg der Passion und auf dem Weg der Mission. Zum andern: Wir können uns als Glieder an dem einen Christusleib nicht von den Brüdern und Schwestern in der Welt distanzieren, die heute um des Evangeliums willen im Leiden stehen. Es trifft uns das Wort des Apostels Paulus: „Wenn ein Glied leidet, so leiden alle Glieder mit" (1.Kor 12,26). Wir haben auch heute und gerade heute ergreifende Beispiele aus der leidenden Gemeinde, wie Christen in aller Bedrohung und Unterdrückung evangelisieren und missionieren. Gott segnet dieses Leidenszeugnis auf vielfältige Weise.

Evangelisierende Gemeinde, das heißt, wir wollen nicht nur ab und zu einmal eine Evangelisation veranstalten. Evangelisieren ab und zu, das nennen wir punktuelle Evangelisation. Evangelisierende Gemeinde aber ist im Grunde genommen in der permanenten Evangelisation. Die Lebensbewegung einer lebendigen Gemeinde ist Evangelisation und Mission. Evangelisierende Gemeinde ist eine Gemeinde, in der das Christusfeuer brennt, das immer wieder neu durch den Heiligen Geist entfacht und am Leben erhalten wird.

Evangelisierende Gemeinde heute: Immer wird es darum gehen, daß eine Gemeinde, die lebendig geworden ist, sich in diesen Grundlinien bewegen wird, die ich in Kürze aufgezeigt habe. Auf diesen Wegen wird der lebendige Christus erfahren, der heute derselbe ist, wie er gestern war, wie er morgen und in Ewigkeit sein wird.

Trotz aller Gottlosigkeit und trotz allen Abfalls gibt es dennoch Zeichen der Hoffnung in unserem Lande. Junge Menschen fragen nach Jesus. Gemeinden wachen auf und werden lebendig.

Ich schließe mit einem Wort von Elias Schrenk (1831-1913), dem Bahnbrecher der Evangelisation in Deutschland: „Worin liegt der tiefste Mangel von Kirche und Gemeinschaft? Es ist die mangelnde Liebe. Es geht nicht vorwärts in der Richtung der Rettung der Seelen, bis wir in der Gemeinde Leute bekommen, die lieben wie der Heiland geliebt hat. Dann wird der große Haufe merken: Da ist Jesus. Es ist nicht Redekunst, nicht Organisationsdienst, sondern die Liebe Gottes in die Herzen ausgegossen durch den Heiligen Geist, welche die Welt erobert."

Grundlinien für den evangelistischen Dienst

Zur Theologie der Lausanner Verpflichtung

Der Weltkongress für Evangelisation in Lausanne (1974) hat die „Lausanner Verpflichtung" herausgebracht. Diese Verpflichtung hat eine weltweite Anerkennung und Annahme gefunden. Sie hat ihre Auswirkungen auch in den Bereich der ökumenischen Bewegung hinein. Die Verpflichtung wird auch im Bereich der evangelischen Landeskirchen in der Bundesrepublik Deutschland besprochen und weithin akzeptiert. Gerade die deutsche Gemeinschaftsbewegung, die sich dem evangelistischen Anliegen besonders verpflichtet weiß, darf an dieser Lausanner Verpflichtung nicht vorübergehen. Sie muß versuchen, die Hauptgedanken und Intentionen dieser Verpflichtung zu überdenken und sie für die Praxis des evangelistischen Handelns auszuwerten.

Die Intention des Kongresses in Lausanne war klar: „Der ganzen Welt das ganze Evangelium durch die ganze Gemeinde." Das heißt mit anderen Worten: Evangelisation ist das Gebot der Stunde. Evangelisation aber ist primär Einladung zum Glauben an Jesus Christus. Dabei ist zu fragen: In welche Welt- und Menschheitssituation hinein haben wir die Botschaft des Evange-liums zu tragen? Auf welche Weise können wir unseren Auftrag heute in der bestmöglichen Form erfüllen? Damit sind auch die Fragen nach Methode und Strategie gestellt. Nicht übersehen werden aber darf bei allem evangelistischen Tun die Frage: Welches sind die theologischen Grundelemente und Notwendigkeiten evangelistischen Handelns? Die Lausanner Verpflichtung liegt auf all denen, die sie unterzeichnet und damit inhaltlich bejaht haben, als eine Herausforderung und Verantwortung.

Man muß zunächst ein Wort dazu sagen, was die Verpflichtung nicht sein will und sein kann. Sie ist kein Bekenntnis. Bekenntnisse sind entstanden in Kampfsituationen der Kirche (s. die altkirchlichen Bekenntnisse, die reformatorischen Bekenntnisse, die Barmer Erklärung 1934). Bekenntnisse betonen biblische Wahrheiten und grenzen diese gegen Irrrlehren ab. Zum Bekenntnis gehört das Ja und das Nein. „Wir bekennen“ und „wir verwerfen“ sind Grundbestandteile eines Bekenntnisses. Bekenntnisse sind Lehraussagen einer Konfession, die in einer bestimmten Frage eine Glaubensübereinstimmung hat. Im besten Falle kann ein Bekenntnis glaubensverwandte Kirchen in einer bestimmten Situation zusammenführen.

In Lausanne waren keine beauftragten Kirchenvertreter beisammen, aber es waren dort Christen aus verschiedenen Denominationen und Konfessionen. Es war eine große Bandbreite, von den Anglikanern über die Lutheraner, von den Refomierten bis zu den Methodisten, von den Baptisten bis hin zu Vertretern der Pfingstgemeinden. Hier ein Bekenntnis zu erwarten, wäre ein hoffnungsloser Optimismus. Die Lausanner Verpflichtung ist kein Bekenntnis, auch kein Bekenntnis der Evangelikalen. Sie kann und will es nicht sein.

Was will aber nun die Verpflichtung? Sie will Christen, die Christus liebhaben, auf ihn hören und ihm gehorchen, in Pflicht nehmen. Wir *müssen* evangelisieren, wenn wir den Auftrag des Herrn gehört und verstanden haben. Für diesen evangelistischen Dienst will die Lausanner Verpflichtung uns eine Hilfe sein. Sie will uns helfen für den persönlichen Einsatz und für das gemeinsame evangelistische Handeln.

Wir dürfen nicht übersehen, daß die Verpflichtung ein Dokument der Weltchristenheit im evangelikalen Bereich ist. Hier ist das Stichwort „Weltchristenheit“ zu betonen. Wenn man diesen globalen Aspekt nicht im Auge behält, wird man der Verpflichtung und ihrer Auslegung nicht gerecht. Für unsere deutschen Ohren mögen manche Formulierungen der Verpflichtung fremd klingen, z.B. die Aussagen über Evangelium und Kultur. Wir müssen aber, etwa an diesem Punkt, besonders auch die afroasiatische Situation vor Augen haben. Theologie und Kirche gibt es eben nicht mehr nur in Europa. Und Gott sei Dank dafür.

Wir wollen uns die theologischen Gedankengänge und Überlegungen der Lausanner Verpflichtung in ihren Hauptlinien vergegenwärtigen. Denn das muß uns ja deutlich sein, daß hinter der Verpflichtung theologische Überlegungen, Akzentsetzungen und auch Abgrenzungen stehen. Wir müssen uns dagegen wehren und verwahren, daß man die Lausanner Verpflichtung zerreißt. Mancherorts hört man aus der Verpflichtung nur das heraus, was in das eigene Konzept paßt. Die Lausanner Verpflichtung aber will als Ganzes akzeptiert werden.

1. Das Vertrauen zur Bibel

Hinter der Bibel, Alten und Neuen Testamentes, steht der lebendige Gott. Die Bibel ist Urkunde, Quelle, Zeugnis. Weil Gott hinter ihr steht, darum ist sie verbindliche Autorität. Das aber bedeutet: Gott hat die Bibel so gewollt und so gegeben, wie wir sie in Händen haben. Sie ist von ihm inspiriert. Neben der Bibel gibt es sonst keine schriftlichen göttlichen Offenbarungsquellen. Die Bibel ist, weil sie von Gott inspiriert ist, irrtumslos und unfehlbar. Die Botschaft der Bibel gilt und gehört der ganzen Welt. Die Bibel ist ein universales Buch, das nicht veraltet oder überflüssig wird. Die Heilige Schrift gehört nicht nur einem Kulturkreis, sondern der ganzen Welt. Die Heilige Schrift als Urkunde der Offenbarung Gottes ist unwandelbar. Der Heilige Geist macht das Wort der Schrift zur „viva vox evangelii“ an uns. Das Wort der Schrift ist durch den Geist lebendiges Wort. Der Heilige Geist öffnet uns die Augen für die Wahrheit der Schrift. Der Heilige Geist führt uns immer mehr hinein in die Erkenntnis Gottes. Mit diesen theologischen Aussagen werden abgelehnt:

– Die Relativierung der Schrift als Buch der Religionsgeschichte, aber auch Kritik an der Bibel, bei der sich der Mensch mit seinem Verstand über die Schrift erhebt.

– Die irrige Meinung, als könnten wir die Offenbarung Gottes außerhalb der Schrift finden, bzw. als wäre das Schriftzeugnis des Alten und Neuen Testamentes ergänzungsbedürftig.

– Das Verstehen der Schrift ist nicht ein anthropologisches Problem, sondern die Frage nach dem Heiligen Geist. Er hat den Schlüssel zur Schrift, er ganz allein.

2. Die christologische Mitte

Sie ist in der Verpflichtung eindeutig gegeben. Die Hauptpunkte des 2. Glaubensartikels des Apostolischen Glaubensbekenntnisses sind hier verarbeitet. Es wird die wahre Gottheit und die wahre Menschheit Christi festgehalten. Eines wird nicht zugunsten des anderen aufgehoben oder verschoben. Die Paradoxie, ohne die man der Person Jesu nicht gerecht werden kann, bleibt bestehen. Das Kreuzesgeschehen ist klar bezeugt. Im Anklang an 1.Kor 15,3 wird festgestellt, daß Jesus Christus für unsere Sünden gestorben ist. Diese Aussagen sind schriftgesättigt. Ich nenne Jes 53; Joh 1,29; Röm 5; 2.Kor 5; Offb 1; 1.Petr 1 und viele andere. Jesus ist der Erlöser. Er ist der Retter. Er hat uns befreit aus den Händen der Feindmächte an seinem Kreuz. Er hat uns aus unserer Verlorenheit geholt. Sein Sterben für uns ist Rettung aus dem Tode. So ist er auch der Mittler zwischen Gott und den Menschen. Er hat die Brücke geschlagen zwischen Himmel und Erde. Er vertritt am Kreuz Gott vor den Menschen und den Menschen vor Gott.

Die Erhöhung Christi ist deutlich festgehalten. Auch hier ist wieder der Anklang an das urchristliche Bekenntnis (l.Kor 15,4) festzustellen: „Von den Toten auferstanden nach der Schrift.“ Jetzt ist der Herr erhöht über alle Namen und Mächte. Er ist Heiland und Herr zugleich. Als Heiland ist er bei mir alle Tage. Als Herr hat er alle Macht in seinen Händen.

Schließlich wird die Wiederkunft des Herrn bekannt. Jesus Christus kommt persönlich und sichtbar. Er vollendet Heil und

Gericht. Er allein bringt die Welt zum Ziel. Am Ende steht der neue Himmel und die neue Erde.

Abgewehrt werden:

– Jeglicher Synkretismus. Es gibt nicht viele Erlöser. Das Evangelium von Jesus Christus darf nicht mit anderen Botschaften vermischt und vermengt werden (Religionen, Ideologien, Philosophien). Hier ist eine klare Abgrenzung gegen Tendenzen der Genfer Ökumene festzustellen.

– Ferner wird die falsche Lehre zurückgewiesen, als wäre Christus in anderen Religionen und Ideologien gegenwärtig. Es wird abgelehnt, so zu tun, als ob es nur nötig wäre, einen Dialog mit anderen Religionen und Ideologien zu führen, damit dort „der schlafende Christus" geweckt wird.

– Abgelehnt wird die Auflösung der Zweinaturenlehre. Wir kennen die Tendenz, aus Christus dem Sohn Gottes, der um unseretwillen Mensch wurde, nur einen „homo religiosus", einen besonders religiösen Menschen zu machen.

– Der Relativierung des Evangeliums wird eindeutig gewehrt. Christus ist der Einmalige und Einzigartige. Er ist allein der Retter und damit die einzige Antwort auf die letzten Fragen des Menschen.

– Der Mensch, gleich ob er Atheist ist oder religiös, ob Humanist oder Marxist, wird als Sünder gesehen, der Rettung braucht, die aber allein Christus bringen kann.

– Abgelehnt wird die Lehre der Allversöhnung. Der doppelte Ausgang der Menschheitsgeschichte wird festgehalten.

– Abgelehnt werden ferner die Träume der theologischen Revolutionäre, als könnten wir das Paradies, das Reich Gottes auf dieser Erde schaffen.

Schließlich spricht die Verpflichtung vom Werk des erhöhten Christus. Jesus Christus ruft durch Wort und Geist in seine Nachfolge. Nachfolge aber ist immer verbunden mit dem Kreuz. Es darf keine billige Nachfolge verkündigt werden. Jesus gibt denen, die an ihn glauben, die Vergebung der Sünden und den Heiligen

Geist. Er sendet die, die an ihn glauben, zum Dienst hinaus in die Welt.

3. Der ekklesiologische Aspekt

3.1 Der Heilige Geist und die Gemeinde

Zur Gemeinde gehören solche, an denen der Heilige Geist sein Gnadenwerk getan hat. Der Heilige Geist wirkt Erkenntnis der Sünden, Glauben an Christus, damit die Wiedergeburt, das Wachstum des Glaubens. Zur Gemeinde gehören die Menschen, die durch den Heiligen Geist wiedergeboren sind. Die Gemeinde ist die Schar der aus der Welt Herausgerufenen.

Eine dreifache Aufgabe hat die Gemeinde zu erfüllen:

- Ausbreitung des Reiches Gottes,
- Erbauung des Leibes Christi,
- Verherrlichung des Namens Gottes.

Die Gemeinde wird in die Welt gesandt, sie wird durch den Heiligen Geist erneuert, sie wird durch den Heiligen Geist missionarische und missionierende Gemeinde. Durch den Heiligen Geist erhält sie die Gaben, durch die sie bevollmächtigt und befähigt wird, ihren Dienst zu tun.

3.2 Die Welt und die Gemeinde, bzw. die Welt als Arbeitsfeld der Gemeinde

Die Gemeinde wird in die Welt gesandt. Sie ist dort Zeuge und Dienerin ihres Herrn. Die Gemeinde muß also heraus aus dem frommen Ghetto und hinein in eine nichtchristliche Gesellschaft. Freilich darf die Gemeinde sich nicht von der Welt beherrschen lassen. Wir dürfen nicht einfach die Methoden der Welt ungeprüft übernehmen. Wir dürfen uns nicht so sehr an bestimmte Kulturen binden.

Die Gemeinde steht im Kampf mit der Welt. In dieser Welt herrscht der „Fürst dieser Welt“. Wo entdecken wir die Aktivitäten des Feindes? In den Ideologien, die von außen in die Gemeinde eindringen wollen; in einem anderen Evangelium, das in der Mitte der Gemeinde aufbricht; in der Verweltlichung bei uns selbst; in ungeistlichen Evangelisationsmethoden.

3.3 Die Gemeinde im Leiden

Jesus hat es so gesagt, daß seine Gemeinde ins Leiden geführt wird. Wir wollen für die leidenden Brüder und Schwestern, aber auch für die Regierungen der Welt beten. Dabei soll die Fürbitte durchaus so weit gehen, daß Gott darum angerufen wird, daß die Regierungen der Welt die Menschenrechte einhalten. Wir dürfen uns bei unserem Eintreten für die verfolgte Gemeinde nicht einschüchtern lassen von den Machthabern der Welt. Wir müssen für unsere Brüder und Schwestern auch vor den Machthabern eintreten. Wir wissen um die Antichristusse im theologischen, kirchlichen, politischen, ideologischen Gewand. Wir wissen um den Antichristus am Ende der Tage.

3.4 Die soziale Verantwortung der Gemeinde

Weil jeder Mensch Geschöpf Gottes ist, trägt er eine angeborene Würde. Er hat daher ein Recht auf Leben und Freiheit. Die Gemeinde weiß, daß es um des Menschen Heil und Wohl geht. Dabei darf sie die Prioritäten nicht verschieben. Eines nicht gegen das andere, das eine nicht vor dem anderen. Die Gemeinde wendet sich gegen jede Art der Unterdrückung, der Ausbeutung und der Diskriminierung von Menschen. Die Gemeinde ist sozial aktiv, denn der Glaube ohne Werke ist tot.

3.5 Die Einheit der Gemeinde

Die Gemeinde ist die Gemeinschaft des Volkes Gottes, nicht so sehr eine Organisation oder Institution. Die Gemeinde ist die Gemeinschaft der Wiedergeborenen, die Familie Gottes. Die Gemeinde so verstanden sprengt die konfessionellen Grenzen, ohne sie aufzuheben. Gott will die Einheit der Seinen. Die den gleichen biblischen Glauben haben, sollen sich eng in Gemeinschaft, Dienst und Zeugnis vereinen. So wird die Glaubwürdigkeit des Zeugnisses vor der Welt erhöht. Um der Rettung von Menschen willen müssen Gemeinden das Ganze der Gemeinde im Auge haben und partnerschaftlich zusammenarbeiten. Dabei geht es auch um das Miteinander im evangelistischen Dienst. Immer ist die Abzweckung die glaubwürdige Darstellung der einen Christusgemeinde.

Die Verpflichtung grenzt sich dabei ab:

– Gegen die falschen Lehren von einer alleinseligmachenden Kirche, Gemeinde oder Sekte; als würden alle Getauften, sei es die Kinder- oder Erwachsenentaufe, den Leib Christi ausmachen; als würde die organisatorische Einheit von Kirchen die Einheit der Christusgemeinde darstellen.

– Gegen ein introvertiertes Gemeindeleben. Es wird die Meinung abgelehnt, die Zeit der Mission und Evangelisation sei vorbei, es ginge nur noch um Sammlung und Zurüstung der Gemeinde.

– Gegen die Vemischung von Welt und Gemeinde durch faule Kompromisse, durch Übernahme von unerlaubten Mitteln und Methoden. Die Gemeinde muß die Geister prüfen.

– Gegen die Aufstellung falscher Alternativen, aber auch gegen eine Verkürzung des Dienstauftrages der Gemeinde.

4. Die Hauptaufgabe der Gemeinde

Evangelisation hat die biblische Begründung: Jesus sendet seine Gemeinde in die Welt, so wie er vom Vater in die Welt gesandt wurde. Die Gemeinde ist die Mitte des weltumfassenden Planes Gottes. Die Gemeinde ist aber zugleich das Werkzeug der Evangelisation. Über der Welt steht der Retterwille Gottes. Das Wesen der Evangelisation besteht in der Verkündigung des Evangeliums von Jesus Christus, wie ihn uns die Schrift bezeugt. Es wird eingeladen zum Glauben an den Heiland und Retter.

Wenn von Evangelisation als Dialog gesprochen wird, dann bedeutet dies, den anderen anzuhören, um ihn besser zu verstehen. Dieses bessere Verstehen ist nötig, damit das Evangelium in seine Situation recht hineingesagt werden kann.

Die Frucht der Evangelisation besteht darin, daß Menschen Christus gegenüber gehorsam werden, daß sie in die Gemeinde eingegliedert werden und sich zum verantwortlichen Dienst in der Welt zur Verfügung stellen.

Erforderlich ist die Ausbildung zur Evangelisation. Es geht um die rechte Zurüstung zum evangelistischen Dienst. Dabei muß das Wachstum der Gemeinde im Auge behalten werden, ihre biblische Vertiefung und ihre Zurüstung zur Sendung. Die Gemeinden müssen selbständig und mündig werden. Wir sagen ein Ja zur Mission. Es gilt aber zugleich, die Eigenverantwortung der Gemeinden in der weiten Welt zu stärken. Darum kann ein begrenztes Moratorium angebracht sein. Wir müssen evangelikale Ausbildungsprogramme aufstellen, um geeignete Männer und Frauen theologisch auszubilden.

Die Dringlichkeit der Evangelisation ist gegeben durch die geistliche Not der großen Menschenmassen. Zwei Drittel der Menschheit sind noch nicht mit dem Evangelium erreicht. Das sind etwa 2,7 Milliarden Menschen. Weithin gibt es für das Evangelium noch offene Türen. Darum müssen alle verfügbaren und von Gott her erlaubten Mittel genutzt werden, um zu evangelisieren. Es sind alle Anstrengungen zur Weltevangelisation zu unternehmen.

Freilich muß dabei unterstrichen werden, daß diese Aufgabe nicht ohne große persönliche Opfer angepackt und gelöst werden kann. Genauso aber ist zu unterstreichen, daß ohne partnerschaftliche Zusammenarbeit der Christen die Aufgabe nicht bewältigt werden kann. Die Gemeinde ist die Trägerin der Evangelisation in der Vorarbeit, Durchführung und Nacharbeit.

Es wird betont, daß Evangelisation im Licht des kommenden Herrn geschieht. Das gibt unserem evangelistischen Tun den rechten Ansporn und den rechten Emst.

5. Der Ruf zur Buße an uns selbst

Wir haben Buße zu tun, weil wir uns der evangelistischen Aufgabe nicht so hingegeben haben, wie es nötig gewesen wäre. Wir sind dem Herrn ungehorsam gewesen. Wir haben unsere Bequemlichkeit gesucht. Wir haben uns vor Menschen gefürchtet. Wir haben allerlei Allotria getan, aber nicht das Entscheidende. Wir haben Buße darüber zu tun, daß wir unserer Berufung untreu geworden sind. Wir haben uns oft an die Welt angepaßt. Wir haben uns aber auch aus der Welt zurückgezogen. Wir haben Buße darüber zu tun, daß wir oft in den sozialen Bereichen und Belangen versagt haben. Wir haben Buße darüber zu tun, daß wir so oft einander die Zusammenarbeit verweigert haben. Wir haben einen unheilvollen Individualismus gepflegt. Planungen und Arbeiten haben sich überschnitten. Wir haben eben oft nur uns selber und unsere eigene Gemeinde und Kirche im Blickfeld gehabt. Wir haben Buße darüber zu tun, daß wir mit unserem Opfer oft so kärglich waren. Dabei geht es um das Opfer an Kraft und Zeit und Geld. Wir haben Buße darüber zu tun, daß wir dem Zeitgeist bei uns Raum gegeben haben. Dadurch ist auch unter uns die Botschaft verwässert worden. So haben auch wir oft die Hörer zu manipulieren versucht. Dadurch ist ein unbiblisches Erfolgsdenken in unsere Evangelisationsarbeit gekommen. Dadurch haben wir statistische Unterlagen unlauter ausgewertet und benutzt.

Der Ruf zur Buße ist notwendig. Die Buße segnet Gott. Wir müssen vor unserem Herrn unser Versagen und unsere Armut eingestehen. So kann er uns neu bestätigen und bevollmächtigen.

Einige Schlußbemerkungen

1. Die Lausanner Verpflichtung will positive Akzente setzen. Sie will Hilfen und Impulse geben zur Evangelisation. Das ist ihr, so meine ich, nachdrücklich gelungen. Die Verpflichtung hat Bereitschaft geweckt zur Buße und zu neuer Hingabe an den Herrn. Sie hat Positionslichter gesetzt, die für das evangelistische Handeln notwendig sind. Sie hat die Prioritäten richtig erkannt und zum Ausdruck gebracht.

2. Die Lausanner Verpflichtung ist ein theologisches Dokument der Evangelikalen. In ihr sind die Elemente festgehalten, die für den Glauben evangelikaler Christen kennzeichnend sind:

- die Autorität der Bibel,
- die Einzigartigkeit Jesu Christi,
- die Notwendigkeit der Wiedergeburt des Menschen,
- die Dringlichkeit der Evangelisation und Mission,
- die Auseinandersetzung mit der Zeit,
- soziales Handeln in der Weltverantwortung,
- die Erwartung der Wiederkunft des Herrn.

3. Die Lausanner Verpflichtung nimmt zu anderen wichtigen Fragen keine Stellung. Das ist ihre Stärke und ihre Schwäche zugleich. Aber wir müssen bedenken: Sie will nicht spalten, keine Gräben aufreißen, sondern zusammenführen. Mit wichtigen Fragen meine ich z.B. die Frage nach der Taufe und dem Heiligen Abendmahl. Man kann die Frage stellen: Kann man von der Gemeinde reden, ohne von Taufe und Abendmahl zu reden? Was

man aber als Schwäche ansieht oder ansehen kann, ist aber doch in Wirklichkeit für diese Verpflichtung nicht dringend erforderlich. Am Tauf- und Abendmahlsverständnis darf die gemeinsame evangelistische Arbeit nicht scheitern.

4. Mißbrauch und Fehlinterpretation der Lausanner Verpflichtung: Es wird immer wieder Klage darüber geführt, daß die Lausanner Verpflichtung mißbraucht und falsch interpretiert werde. Dabei wird immer wieder zum Ausdruck gebracht, daß in der Verpflichtung die Abgrenzungen deutlicher, profilierter hätten festgelegt werden müssen. Es besteht die Sorge, daß es zu einer falschen „Ehe" zwischen der Lausanner Bewegung und dem Ökumenischen Rat in Genf kommen könnte. Die Vereinnahmung der evangelikalen Bewegung durch die ökumenische Strömung, wie sie vom Weltkirchenrat in Genf ausgeht, ist in der Tat eine nicht zu übersehende Gefahr. Es ist darauf zu achten, daß dazu die Verpflichtung nicht gebraucht wird.

Ich möchte aber deutlich feststellen, daß ich für die Lausanner Verpflichtung dankbar bin und deshalb, trotz mancher Bedenken, ihr auch zugestimmt habe. Es ist kein Dokument vor Mißdeutungen sicher; Fehlinterpretationen können immer angestellt werden.

Unsere Aufgabe ist es, in den Gemeinschaften und Kirchen, in denen wir stehen, dafür zu sorgen, daß die Verpflichtung so verstanden wird, wie sie verstanden werden will und wie sie uns für unseren Dienst in der Zukunft einen wichtigen Dienst tun kann.

Theodor Christlieb – ein Theologe der Evangelisation*

Anläßlich der 50. Gnadauer Pfingstkonferenz 1938 in Bad Salzuflen hat D. Walter Alfred Siebel, Freudenberg/ Siegerland, einen Vortrag gehalten zum Thema: „Aus dem Leben und Wirken Gnadauer Väter." Er schildert als ersten Theodor Christlieb und beginnt mit einer persönlichen Erinnerung: „Das alte Büro unserer alten Firma hat manchen interessanten in- und ausländischen Reisenden zu Besuch gesehen. Kein anderer aber war wohl dem gleichzustellen, der vor jetzt mehr als 55 Jahren gegen Abend eines Sommertages hereintrat mit dem freundlichen, bei uns ungewohnten Gruß: ‚Guten Nachmittag, meine Herren.' Ich war damals junger Stift und kannte diesen Herrn nicht. Dagegen sprang mein Onkel freudestrahlend ihm entgegen. Ihn gerade suchte der Gast. Es dauerte nicht lange, da ruhten alle Federn, und wir hingen wie gebannt an den Lippen des Besuchers, der nur für eine empfangene Gabe zu dem, was er plante, danken wollte, aber dabei diese Pläne zum Bau des Reiches Gottes von hoher Warte aus in so großzügiger, hinreißender Weise entwickelte, daß ich immer denken mußte: Was ist das für ein königlicher Mensch! Die hohe männliche Erscheinung, das gewellte, schon melierte – einige Jahre später weiße – Haar, die charaktervollen Züge seines Angesichts, die klangvolle Stimme, die belebten Augen, jede Handbewegung, alles war schön an diesem stattlichen Mann. Meine Frau behauptet noch heute, sie habe nie einen schöneren Mann gesehen. Und dazu der sprühende Geist, die herzliche, feine Art seiner Unterhaltung. Wer war das? Nun, es war einer der herrlichen Gründer unserer Konferenz, Professor und Universi-

* Vortrag beim Seminar für Fragen evangelistischer Verkündigung am 12. März 1987 in Siegen-Geisweid

tätsprediger in Bonn, Doktor der Theologie und Philosophie – Theodor Christlieb."

Man spürte es diesen Sätzen Walter Alfred Siebels ab, wie ihn dieser Mann packte, faszinierte und fesselte. An anderer Stelle sagt Siebel über Christlieb in dem erwähnten Vortrag: „So wurde Professor Christlieb der Herold der neueren Evangelisation in Deutschland." Das war ja für die damalige Zeit alles andere als eine Selbstverständlichkeit, daß ein akademischer Theologe sich mit der Evangelisation beschäftigte. Christlieb wurde von manchen seiner Kollegen darob auch scheel angesehen, angegriffen und bekämpft. Das aber konnte ihn nicht davon abhalten, die Dringlichkeit und Notwendigkeit der Evangelisation zu betonen und praktische Schritte zu ihrer Verwirklichung zu tun. Siebel schreibt: „Von dem Wort Eph 4,11 'Er hat etliche gesetzt zu Evangelisten', kam er nicht los."

1. Wir wollen zuerst in aller Kürze uns den Werdegang seines Lebens vergegenwärtigen

Theodor Christlieb entstammte einer akademischen Familie. Er wurde am 7.3.1833 in einem Pfarrhaus in Birkenfeld in Württemberg geboren. Sein Studium verbrachte er in Tübingen. Zwei so gegensätzliche Lehrer wie Christian Ferdinand Baur, der ganz der liberalen Schule zuzurechnen ist, und Johann Tobias Beck, der das pietistische Erbe Bengels und Oetingers weiterführte, hörte er. Nach dem Studium war er zunächst ein Jahr Hauslehrer in einer französischen, adligen Familie in Montpellier. Dann wurde er Vikar bei seinem Vater in Ludwigsburg, dem dortigen Dekan. Schließlich wurde er Pfarrverweser in Ruit, in der Nähe Stuttgarts. Dort kam er mit den Pietisten, den „Stundenleuten", in engere Beziehung. Schließlich wurde er von 1858–1865 als deutscher Auslandspfarrer in den Norden Londons, nach Islington, gerufen. In diesen Jahren empfing er entscheidende Impulse für seine evangelistischen Gedanken. 1865 folgte er einem Ruf nach Friedrichshafen, wo er auch als Hofprediger des württembergischen Königs amtierte. 1868 erreichte ihn der Ruf des preußischen Kultusministers, den Lehrstuhl für praktische Theologie an der Universität Bonn zu übernehmen. Christlieb nahm den Ruf an und wirkte in Bonn in großem Segen bis zu seinem frühen Tod im Jahre 1889. Verschiedene ehrenvolle Berufungen, z.B. an die deutsche Gesandtschaft in Petersburg und an andere Fakultäten, z.B. in Leipzig, hatte er abgelehnt.

Es kann nun nicht darum gehen, Christliebs weitgefächerte Tätigkeit zu entfalten. Wir müßten von dem akademischen Lehrer sprechen, der im Hörsaal ganz zu Hause war, und über seine wissenschaftlichen Arbeiten, besonders über seine „Predigtlehre". Er ersetzte ja bekanntlich den Ausdruck „Homiletik" durch den anderen „Martyretik". Es wäre zu sprechen über den Allianzmann, der 1880 den Westdeutschen Zweig der Evangelischen Allianz gründete. Es wäre zu reden von dem Missionsmann und seiner Missionstheologie. Ferner müßten wir seine apologetische Arbeit erwähnen. Ich denke dabei etwa an sein Buch „Moderne Zweifel am christlichen Glauben für ernstlich Suchende erörtert", das 1870 in Bonn erschien.

Das alles muß jetzt auf der Seite bleiben. Ich erwähne es nur, um deutlich zu machen, daß es sich lohnt, sich mit diesem bedeutenden Mann näher zu beschäftigen. Daß Christlieb zu den „Urvätern" Gnadaus gehört, vermerke ich mit besonderer Freude. Durch die Beschäftigung mit ihm soll aber nicht nur ein historisches Interesse geweckt werden, und es soll nicht nur neue Freude über unsere großartigen Glaubensväter über uns kommen; vielmehr geht es entscheidend darum, die Impulse Christliebs für uns heute aufzunehmen, zu erörtern und nach Möglichkeit umzusetzen.

2. Christliebs Londoner Zeit

Im Jahre 1858 ging Christlieb nach London, wo er Pfarrer der deutschen Gemeinde in Islington wurde. Vor ihm wirkte dort der Sohn des bekannten Stuttgarter Prälaten Sixt Karl von Kapff. Er veranlaßte es auch, daß Christlieb nach London berufen wurde. Arno Pagel schreibt in seiner Christlieb-Biographie: „So treu Christlieb seiner Gemeinde in Islington gehörte und diente – er machte in London die Augen und das Herz weit auf für alles, was im Reich Gottes geschah." Man kann vielleicht in aller Kürze sagen: In London wurde Christlieb Allianzmann – er trat in enge Verbindung zu Geistlichen der englischen Staatskirche und der Freikirchen. Er wurde Missionsmann. Er bekam einen weiten Blick für die weltweiten Missionsbestrebungen. Er wurde zum Herold der Evangelisation, wie Siebel das formulierte. Bei aller Weite seines Blickes und seiner Gedanken wurzelte er aber fest in der deutschen volkskirchlichen Tradition. Wichtig wurden für Christlieb in England auch persönliche Begegnungen, die zu Freundschaften wurden. So kam z.B. Elias Schrenk 1864/1865 nach London, um für die Missionsarbeit an der Goldküste/Westafrika zu werben. Christlieb und Schrenk trafen sich, und beide Männer wuchsen aufs engste zusammen. Wichtig wurde für ihn auch die Freundschaft mit William Pennefather, der neben der evangelistischen Arbeit eine diakonische Einrichtung nach der anderen gründete. Ausdrücklich sei auch erwähnt, daß Christlieb auch die Evangelisten Charles Grandison Finney und Charles Haddon Spurgeon in England kennenlernte und hörte und von daher wichtige Impulse für die Evangelisation empfing. Christlieb erlebte in London und überhaupt in England ein reiches, geistliches Leben und war bereit, davon zu lernen. Hermann Klemm berichtet in seiner Schrenk-Biographie, daß Christlieb die Vorzüge des englischen Kirchentums in folgendem sah; ich zitiere nach Klemm:

„1. Den Ernst der Bekehrungspredigt, wobei nicht nur die Pfarrer, sondern vor allem die Gemeinden selbst klar zwischen Bekehrten, Unbekehrten und Halbbekehrten unterschieden.

2. Die lebhafte Seelsorge der Diener am Wort.

3. Die ganze lebendige Selbsttätigkeit der Gemeinde, die sich nicht bloß erbauen läßt, sondern auch sich selbst erbaut. Die Laien arbeiteten im weitesten Sinn des Wortes mit:

- Teilnahme an der Seelsorge durch die Ältesten.
- Ihre Mitarbeit an der Kirchenzucht, die durch den Pfarrer geübt wurde.
- Kirchenzucht der Gemeindeglieder untereinander.
- Die Opferwilligkeit von arm und reich für die Zwecke des Reiches Gottes."

Christlieb überlegte, wie das alles für die deutsche kirchliche Situation fruchtbar gemacht werden konnte. In seiner bedeutsamen „Geschichte der Evangelisation" schreibt Paulus Scharpff: „Prof. Theodor Christlieb wurde nach Gottes Vorsehung durch seine Lebensführung für seine evangelistische Aufgabe in besonderer Weise vorbereitet. Als junger schwäbischer Pfarrer von 25 Jahren diente er von 1858–1865 der deutschen Gemeinde in London und erhielt dort viele tiefe Eindrücke von der reichen missionarischen und evangelistischen Tätigkeit der Engländer ... Er erlebte in London, wie in einem Winter sonntäglich 50 000 Entkirchlichte durch besondere Versammlungen von Gottes Wort erreicht wurden und wie durch diese Erweckung etwa eine Million Menschen in die Mitgliedschaft der Kirche geführt wurden." Spurgeon hatte es ihm angetan. Er erlebte die Straßenevangelisationen und Pfarrer-Missionen. Mit Pearsall Smith und der Heiligungsbewegung kam er ins Gespräch. Vieles wäre noch zu erwähnen. Als Christlieb London verließ, um nach Deutschland zurückzukehren, gab ihm sein Freund, sein Nachbar in Islington, der Anglikaner W. Pennefather, das Wort mit: „Gehe hin und tue desgleichen". Mit tiefen Eindrücken kam Christlieb nach Deutschland zurück.

3. Christliebs Einsatz für die Evangelisation in Deutschland

3.1 Christlieb sah die geistliche Not des Volkes mit unbestechlicher Klarheit. Als akademischer Theologe lebte er nicht abseits der Zeit, gleichsam in einem elfenbeinernen Turm, nur seinen wissenschaftlichen Tätigkeiten zugewandt. Nein, er stand mitten in der Zeit. Mit Sorge sah er die wachsenden Großstädte mit all den sozialen und sittlichen Problemen. Er erkannte die Wahrheit der Stufenleiter nach unten, die Adolf Stöcker so formulierte: „Entkirchlichung – Entchristlichung – Entsittlichung". Er sah, wie die Kräfte des Unglaubens nach den Seelen und nach den Köpfen der Menschen griffen. Die Gebildeten waren von der materialistischen Naturwissenschaft bezaubert oder aber von dem nihilistischen oder marxistischen Gedankengut. Man denke z.B. an Friedrich Nietzsche und Karl Marx, Friedrich Engels. Christlieb hielt Vorträge mit Themen wie: „Sind Christentum und Bildung Gegensätze?" oder „Ursachen des Unglaubens" oder „Auch Atheismus beruht auf Glauben" oder „Voltaire und Paulus". Am 9.10.1873 sprach er in New York bei der Versammlung der Evangelischen Allianz zum Thema: „Die besten Methoden zur Bekämpfung des modernen Unglaubens." Als Zeuge und Apologet stellte er sich den Zeitströmungen tapfer entgegen. Auch als akademischer Lehrer lag es ihm am Herzen, junge Theologen auszubilden, die als Zeugen Jesu und nicht als theologische Referenten auf der Kanzel standen. „Ihr Prediger, sucht nur die Ehre Gottes und das Heil der Menschen!" Diese Mahnung durchzieht Christliebs Homiletik (A. Pagel). Dabei stellte Christlieb den Studenten immer wieder die großen Erweckungsprediger vor Augen: Nikolaus Graf Zinzendorf, George Whitefield, John Wesley, Charles Haddon Spurgeon und Ludwig Hofacker. Paulus Scharpff schreibt in seinem schon erwähnten Buch: „Mit einzigartiger Zielstrebigkeit ließ er von Bonn aus einen Weckruf nach dem anderen erschallen, um den deutschen Gläubigen das Werk der Evangelisation ans Gewissen zu legen."

3.2 Es war im Jahre 1881. Auf der 9. Weltbundtagung des CVJM wurde der Deutsch-Amerikaner Friedrich von Schlümbach zum Jahresfest des rheinisch-westfälischen Bundes nach Elberfeld eingeladen. Dabei lernte ihn Christlieb kennen und erkannte seine evangelistische Gabe. Christlieb veranlaßte Adolf Stöcker in Berlin, der die dortige Stadtmission gegründet hatte, Schlümbach zu Evangelisationen nach Berlin einzuladen. Dieser evangelisierte 1882/83 in Berlin, in Hamburg und in Württemberg. Die Evangelisationsversammlungen in Berlin hatten eine große Wirkung. Es entstanden der erste deutsche CVJM und die Michaels-Gemeinschaften. Zwei unvergessene Persönlichkeiten, beides Junggesellen ihr Leben lang, fanden sich zu herzlicher Bruderschaft und Dienstgemeinschaft: Eberhard von Rothkirch und Eduard von Pückler. CVJM und Gemeinschaft kommen aus derselben Wurzel. Mögen beide Werke, der CVJM und Gnadau, sich dessen bewußt bleiben und deswegen auch beisammen bleiben! Wir gehören beide in den Raum des Pietismus in den deutschen Landeskirchen.

Theodor Christlieb war der Initiator dieser evangelistischen Aktion. Das ging nicht ohne Angriffe von verschiedenen Seiten, denn man hatte in Deutschland Angst vor dem amerikanischen Christentum.

3.3 Im Jahre 1882 schrieb Christlieb seine Schrift „Zur methodistischen Frage in Deutschland.“ Bis heute wird manchmal Christlieb der Vorwurf gemacht, er sei „Antimethodist“ gewesen. Das scheitert schon an der Tatsache, daß er es war, der den Methodisten von Schlümbach nach Deutschland holte. Er wehrt sich in dieser Schrift dagegen, den Methodismus als Sektiererei zu verschreien. Er formuliert dort aber: „Leider gibt es in unseren Landeskirchen manche, sogar manche Geistliche, die es lieber sähen, daß tote Namenschristen tot, aber nur in der Kirche bleiben, als daß sie von Außerkirchlichen zum Glauben erweckt werden und sich dann diesen anschließen. Das heißt doch wahrlich die Kirche, die eigene Denomination über das Reich Gottes setzen.“ Und dann kommt der gewichtige Satz: „Ich stelle solchen gegenüber mit aller Entschiedenheit den Satz auf: Werden bisher von der Kirche Vernachlässigte, Gleichgültige, Verweltlichte durch außerkirchliche, von den evangelischen Grundwahrheiten nicht abweichende Arbeiten zum Glauben erweckt und gehen sie als Folge davon zu diesen über, so ist mehr Grund zur Freude über den Gewinn des Reiches Christi als zur Klage über den Verlust unserer Kirche."

Im Grunde genommen geht es in dieser Schrift Christlieb darum, die Pfarrer dringend zur Evangelisation aufzurufen. Interessant ist auch sein Vergleich von Pietismus und Methodismus. Er schreibt: „Man hat gesagt, die Mission des Methodismus sei bei uns im wesentlichen schon erfüllt von dem Pietismus. Der Gedanke liegt nahe genug. Aber welch ein Unterschied zwischen beiden! Dort ein energisches Hinaustreten in die Welt, ein Predigen und Anhalten mit Predigen ‚zur rechter Zeit oder zur Unzeit', ein furchtloses, aggressives Seelenwerben mit eiliger Ausnützung jeder Stunde. Hier ein weltflüchtiges Stilleben, das an vielen Orten schon zu lang auf seiner Hefe gelegen, sich abgesehen von der traditionellen Beteiligung an der Äußeren und einigen Zweigen der Inneren Mission selten zu rettenden Taten inmitten der verweltlichten Christenheit aufschwingt und mit dem bescheidenen Fortbestand der Gemeinschaft sich zufrieden gibt."

Zu dieser Frage „Pietismus und Methodismus" heute wäre manches zu sagen. Denn Pietismus und Methodismus haben sich seit den Tagen Christliebs gewandelt. Aber diese Beziehung ist jetzt nicht das Thema. Wichtig ist für mich in diesem Zusammenhang, wie bedrängend Christlieb der Kirche und den Gemeinschaften den Spiegel der methodistischen Evangelisation vorhielt und zum Aufbruch in die evangelistische Offensive aufrief.

3.4 Im Jahre 1884 gründete Christlieb in Bonn den „Deutschen Evangelisations-Verein". Das wäre nun freilich ein Vortrag für sich, dieser Gründung und den Auswirkungen in allen Einzelheiten nachzugehen. Man lese das bei Klemm in seiner Schrenk-

Biographie nach (S. 260ff). Schon 1883 hatte Christlieb in Bonn ein Haus erworben, um eine Evangelistenschule ins Leben zu rufen. Das Geld dafür bekam er besonders von früheren Londoner Bekannten, z.B. auch von George Williams, dem Gründer des ersten CVJM. Das Haus in Bonn wurde am 21. Oktober 1883 eingeweiht „zum Zweck der Evangelischen Allianz für erbauliche Versammlungen und zu der Heran- bzw. Weiterbildung von Evangelisten“. Man nannte das Haus „Johanneum“.

Vom 18.–20. März 1884 tagte dort ein Kreis von Freunden, die an einer kirchlich orientierten Evangelisationsbewegung interessiert waren. Elias Schrenk und andere bekannte Persönlichkeiten der späteren Gnadauer Bewegung waren dabei. Christlieb hatte die Leitung. Er sprach am Anfang über Eph 4,1-16, dem „locus classicus“ des Evangelistenamtes. Christlieb hielt dann auch den ersten Hauptvortrag über: „Die Stellung der Evangelisten zu den Organen der Landeskirche und die Auswahl der Orte“. Wieder ging es darum, der Evangelisation Heimatrecht in der Kirche zu verschaffen und die Pfarrer für solches Tun zu gewinnen. Man spürt es den Beiträgen Jasper von Oertzens und Elias Schrenks ab, wie sie darum ringen, daß Kirche und Pfarrerschaft doch begreifen möchten, was die Stunde geschlagen hat. Man solle sich in der Kirche nicht gegen das Evangelistenamt verschließen, das dem Pfarramt zugeordnete Laien nach einer Ausbildung ausüben sollen. Schrenk ruft dazu auf, Geduld zu haben, sich aller Polemik gegen die Kirche zu enthalten, keine Zeitungsfehden zu führen. Freilich wurde auch betont, daß der Evangelist frei sein müsse. Sein Amt sei Geistesamt und er brauche Freiheit der Bewegung, so Elias Schrenk. Auch der Satz, den Elias Schrenk bei jener Gründungskonferenz aussprach, ist wichtig: „Der Evangelist sucht nicht kirchebildend zu wirken, wohl aber gemeinschaftsbildend.“ Ein aktueller Satz für die Gemeinschaftsbewegung heute! Es können die Verhandlungen jener bewegten Konferenz jetzt nicht weiter verfolgt werden. Der „Deutsche Evangelisationsverein“, der nun gegründet wurde, gab sich eine Satzung, in der es heißt:

§ 1 Zweck des Vereins
Zweck des Vereins ist die Verkündigung des Evangeliums unter den vielen, die bei der geringen Zahl der angestellten Geistlichen und der ungenügenden Organisation vieler unserer Gemeinden, zumal in den Großstädten, von der kirchlich geordneten Predigt und Seelsorge seit Jahren nicht erreicht werden konnten und daher der Kirche und dem Christentum ganz entfremdet sind.

§ 2 Evangelisch-kirchlicher Charakter des Vereins
Indem der Verein vor allem für die Förderung unter den Verirrten und Verlorenen, jedoch im Anschluß an Geistliche bzw. Presbyterien oder innerkirchlich arbeitende Vereine der Landeskirche zu wirken bestrebt, macht er es dem mit ihm in Verbindung stehenden Evangelisten zur Bedingung, daß sie

a) nur das lautere Evangelium ohne Hervorkehrung streitiger Punkte schlicht und kräftig zur Erweckung der Gleichgültigen und Unkirchlichen verkündigen;

b) für ihre Person einer der bestehenden Landeskirchen angehören und in deren Abendmahlsgemeinschaft stehen;

c) ihre Versammlungen niemals auf die Stunde des öffentlichen Gottesdienstes verlegen;

d) im Unterschied von außerkirchlichen Evangelisationsbestrebungen die Früchte ihrer Arbeit den bestehenden Kirchen und den zur Mithilfe willigen Seelsorgern für weitere Pflege überweisen und keinerlei außerkirchliche Sonderzwecke verfolgen.

§ 3 Sendboten des Vereins. Art und Weise ihrer Wirksamkeit.
Obigem Zweck gemäß sind die Sendboten des Vereins wesentlich Evangelisten, d.h. sowohl Geistliche, welche hierzu inneren Beruf und eine bewährte Gabe der Erweckung haben, als auch solche Laiengehilfen am Dienst des Wortes zur Unterstützung des geordneten Amtes, welche an Kenntnis und Erfahrung hinreichend ausgerüstet, der Sprache des Volkes mächtig und zu lebendiger Anfassung der Gleichgültigen befähigt. Diese Evangelisten sollen die bisherigen Arbeiten der inneren Mission und Kolporteure und

ihre gesegnete Wirksamkeit in kleineren Kreisen, besonders unter Armen und Hilfsbedürftigen nicht beeinträchtigen, vielmehr in ihrem Teile erweitern und fördern. In solchem Sinne der Mithilfe sollen sie aber außer Hausbesuchen und persönlicher geistlicher Pflege in größeren öffentlichen Versammlungen in allerlei, auch weltlichen Lokalen, durch freie Ansprachen die gottentfremdeten und daher schließlich auch dem Staat und der Gesellschaft bringenden Massen wieder möglichst unter den Einfluß des Evangeliums zu bringen und dadurch dem Christentum der Kirchen zurückzugewinnen suchen.

Es lohnte sich, diese Satzung einmal genauer zu exegesieren. Was ist da heute noch gültig? Wo haben sich die Verhältnisse grundlegend geändert? Wie ist das Verhältnis von freier Evangelisation und kirchlichem Amt? Zweifellos trägt die Satzung Christliebs Handschrift. Der „Deutsche Evangelisationsverein" ist später in den Gnadauer Verband aufgegangen, weil dieser die Anliegen der Evangelisation voll aufgenommen hat. Die meisten der führenden Männer des Evangelisationsvereins waren auch in der Gnadauer Bewegung an der Spitze mit tätig, man denke nur an Elias Schrenk, den man den „Bahnbrecher der Evangelisation" (Paulus Scharpff) in Deutschland nennt.

3.5 Zwei praktische Schritte Christliebs in Sachen Evangelisation

3.5.1 Christlieb holte Elias Schrenk als Evangelisten nach Deutschland. Schrenk war bei der Evangelischen Gesellschaft in Bern in der Schweiz tätig. Er hatte dort schon im kleineren Umfang evangelisiert. Bekannt wurde er als Evangelist durch eine Arbeit in Basel. Christlieb war klar, daß Schrenk als Evangelist nach Deutschland kommen mußte. Ursprünglich wollte Christlieb, daß Schrenk das Inspektorat des Johanneums übernehmen solle. Schrenk lehnte das ab, weil er meinte, daß ihm dazu die Eignung fehle. Er kannte seine Fähigkeiten und seine Grenzen

(Hermann Klemm). Schon 1884 wurde die Evangelische Gesellschaft in Bern gebeten, Schrenk 3 bis 4 Monate Urlaub für eine evangelistische Arbeit in Deutschland zu geben. Das wurde auch gewährt. Die Kosten für diese Zeit übernahm der „Deutsche Evangelisationsverein".

Christlieb wollte zunächst, daß Schrenk mit seiner Tätigkeit in Berlin beginnen sollte in Fortführung der Arbeit von Schlümbachs. Das war aber aus politischen Gründen nicht möglich, es standen Reichstagswahlen vor der Tür; Stöcker war dadurch sehr angespannt und außerdem sollte die Evangelisation nicht in den Sog der christlich-sozialen Bewegung Stöckers geraten. So begann die Arbeit Schrenks in Bremen. Bekannt geworden ist dann aber vor allem die mehrwöchige Evangelisation in Frankfurt am Main im November 1884. Im Jahre 1885 kam Schrenk endgültig als Evangelist nach Deutschland und entfaltete eine reiche und gesegnete Tätigkeit. Man kann nur mit Erstaunen lesen, was Hermann Klemm aus den Quellen darüber zu berichten weiß. Es ist gut, sich hier noch einmal ins Gedächtnis zu rufen, daß Schrenk mit seiner evangelistischen Tätigkeit drei Ziele verfolgte:

1. Die Stärkung der Gläubigen
2. Die Rettung von Verlorenen
3. Die Erhaltung des lauteren Evangeliums in der Kirche.

Die Mitte der evangelistischen Botschaft Schrenks war die Botschaft von der Rechtfertigung.

Freilich machte Schrenk klar, daß die Hauptaufgabe die Rettung von Verlorenen sei. Man kann sagen: Ohne die praktische Evangelisationsarbeit von Schrenk wäre die Tätigkeit des Evangelisationsvereins im Theoretischen steckengeblieben.

3.5.2 Am 21 Oktober 1886 wurde das „Johanneum" in Bonn als Evangelistenschule eröffnet. Im Protokoll heißt es: *„21. Oktober 1886. Heute morgen 10 Uhr wurde von Herrn Professor D. Christlieb und Inspektor Pfleiderer unsere Johanneumsarbeit eingeweiht. D. Christlieb betonte neben der Befestigung der Herzen durch die Gnade Gottes besonders das Festhalten am Wort* *nach der altbewährten Auffassung der Reformatoren und der Gläubigen aller Zeiten unter Ausschluß aller Neologie (Neuerung). Das Johanneum soll und darf nur darin seine Existenzberechtigung sehen, daß es die ganze Bibel als Gottes Wort rein und lauter im evangelischen Geiste lehrt und Geistesmenschen heranbildet. Das walte Gott!"*

Theodor Christlieb hat seine Gedanken zur Frage der Evangelisation unermüdlich in Wort und Schrift vorgetragen. Zweimal hat er sie in besonderer Eindringlichkeit dargestellt. Auf der Weltkonferenz der Evangelischen Allianz in Kopenhagen hat er am 3. September 1884 das Thema behandelt: „Die religiöse Gleichgültigkeit und die besten Mittel zu ihrer Bekämpfung". Einige Hauptsätze aus diesem Vortrag kann man bei Arno Pagel in seinem Buch „Prof. Theodor Christlieb – Pastor Alfred Christlieb / Die Lebensgeschichte zweier Männer, die Christus und die Brüder liebten" auf Seite 27/28 nachlesen.

Besonders wichtig aber wurde der Vortrag, den Christlieb anläßlich der allgemeinen kirchlichen Konferenz bei der Wuppertaler Festwoche am 9.8.1889 in Barmen hielt. Er enthält Programm und Vermächtnis (Christlieb starb einige Tage später am 15.8. 1889) des Referenten in dieser Frage. Das Thema lautet: „Die Bildung evangelistisch begabter Männer zum Gehilfendienst am Wort und dessen Angliederung an den Organismus der Kirche." Hermann Haarbeck, der spätere Direktor des Johanneums, nannte diesen Vortrag „die magna charta nicht nur der von Christlieb gegründeten Evangelistenschule Johanneum, sondern des von Pfarrern und Pfarrgehilfen getriebenen evangelistischen Dienstes in unseren evangelischen Landeskirchen in Deutschland".

Es geht in diesem Vortrag um folgende Fragen, die Christlieb beantwortet:

Was sagt die Schrift vom Evangelistendienst?

Welche Begabung und Ausrüstung gehört dazu?

Welches Ziel hat dieser Dienst?

Wie ist er in anderen Ländern und Kirchen in den Organismus der Kirche eingegliedert?

Wie kann dieses in Deutschland geschehen?

Wie sollen Auswahl und Vorbildung, Berufung und Sendung solcher Evangelisten vollzogen werden?

In diesem Vortrag steht der schöne und wichtige Satz: „Der Evangelist muß immer etwas haben von dem Hirtenblick der Liebe, der das Herz bricht, wenn sie die Schafe verschmachtet und zerstreut sieht. Und aus diesem tiefen Mitgefühl heraus muß er reden und seine Worte und Gedanken dem Inhalt und der Form nach den geistig-sittlichen Zuständen der Hörer anpassen können. Was zu Herzen gehen soll, muß aus dem Herzen kommen." Es ist nicht möglich, diesen großen Vortrag jetzt auszuwerten. Ich empfehle, in dem Quellenband nachzulesen, den Arno Pagel herausgegeben hat: „Theodor Christlieb: Christus liebhaben ist besser als alles Wissen" (Seite 268ff.). Immer geht es Christlieb darum, daß das biblische Evangelistenamt neu besetzt wird in der Kirche. Und gerade im Johanneum sollte das geschehen, daß evangelistisch begabte Männer zum Gehilfendienst am Wort ausgebildet werden.

3.6 Daß in der Gnadauer Gemeinschaftsbewegung das Thema Evangelisation immer auf der Tagesordnung stand, ist gewiß nicht nur das Verdienst Christliebs. Und doch hat er entscheidenden Anteil daran. Er war es, der den Pietismus gerade in den achtziger Jahren des vergangenen Jahrhunderts leidenschaftlich zur evangelistischen Offensive gerufen hat. Es war bei der Generalkonferenz des „Deutschen Evangelisationsvereins" am 13./14.4.1887 im Johanneum in Bonn, daß unter dem Vorsitz von Christlieb die Anwesenden über eine freie Konferenz evangelischer Männer aus ganz Deutschland berieten, die in Gnadau, einem der Hauptorte der Herrnhuter Brüdergemeine, stattfinden sollte. Bei dieser Konferenz sollte es wesentlich um zwei Fragen gehen: einmal um die Berechtigung und Praxis der Evangelisation und zum anderen um die Frage der Gemeinschaftsbildung.

Man traf sich 1888 in der Woche nach Pfingsten (22.–24. Mai) in Gnadau bei Magdeburg, 142 Männer, 68 Theologen und 74 Laien. Christlieb hatte die Leitung. In seiner Begrüßungsansprache sagte er u.a.: „Es gibt einen große und wachsende Gruppe derer, welche es von Herzen wohl meinen mit den bestehenden Kirchen, die auch das bestehende Amt keineswegs um sein Ansehen bringen, wohl aber dasselbe noch wirksamer machen möchten durch stärkere Heranziehung begabter, geisteskräftiger Laien zum Gehilfendienst, besonders an großen Gemeinden. Sie geben die Hoffnung auf allmähliche Besserung der Schäden, und zwar auf innerkirchlichem Wege noch keineswegs auf, sie begehren aber dabei freien Raum für die Selbsterbauung gläubiger Kreise zur Befriedigung des Gemeinschaftsbedürfnisses. Sie möchten aber unsere gar zu ängstlichen Kirchenmänner bitten, doch endlich einmal ihr Mißtrauen gegen solche kirchlichen Erbauungskreise fahren zu lassen, wodurch sie in diesen oft den Trieb der Absonderung wecken oder doch fördern und so gerade die Kirche schädigen. Sie möchten aber auch diese Kreise bitten, doch die in der Kirche noch vorhandenen Heilsgüter dankbar anzuerkennen und zu benutzen und so im Anschluß an, nicht gegen das Bestehende, ihre geistlichen Gaben zum stillen Aufbau des Reiches Gottes zu gebrauchen. Zu dieser Gruppe gehören wir, das heißt, wohl die große Mehrzahl der hier versammelten Brüder, wenn ich anders damit unseren Standpunkt einigermaßen gekennzeichnet habe."

Im Anschluß an ein Hauptreferat von Jasper von Oertzen über „Evangelisation" wurde folgende Erklärung verabschiedet: „Darum richtet die Pfingstkonferenz in Gnadau die herzliche und dringliche Bitte an die evangelische Landeskirche und ihre Organe, in Erwägung unserer kirchlichen Notstände die bereits bestehende Evangelisationstätigkeit mit allen Kräften zu unterstützen und ihre Ausbreitung in Berücksichtigung zu ziehen."

Es ist – menschlich gesprochen – eine tiefe Tragik, daß Christlieb nur an der ersten Konferenz teilnehmen konnte. Wie eingangs schon erwähnt, wurde er mit 56 Jahren am 15.8.1889 heimgerufen. Man kann in der Geschichte nicht mit „wenn“ arbeiten. Man muß die Tatbestände stehen lassen und akzeptieren. Aber dennoch ist es reizvoll, einmal darüber nachzudenken, wie anders der Weg Gnadaus gerade in der Auseinandersetzung mit der Heiligungsbewegung hätte verlaufen können, wenn dieser bedeutende Theologe zwanzig Jahre länger hätte leben dürfen. Aber auch hier gilt es „Ja“ zu sagen zu Gottes Wegen.

4. Fragen und Impulse

Am Ende der Begegnung mit Theodor Christlieb sollen einige Fragen und Impulse für uns heute stehen.

1. Haben wir auch für unsere Zeit die Aufgabe erkannt, in unserer Kirche die Evangelisation stärker in den Mittelpunkt zu rücken? In dieses Anliegen Christliebs an manchen Stellen schon erkannt und verwirklicht worden? Warum war und ist das Wort Evangelisation für manche kirchlichen Würdenträger ein Reizwort?

2. Ist in der Kirche das Evangelisationsverständnis Christliebs und Schrenks akzeptiert? Anders gefragt: Was sind die Motive und Ziele der Evangelisation? Geht es letztlich um die Rettung vor Gott verlorener Menschen oder um einen Stop der auslaufenden Volkskirchlichkeit?

3. Es muß neu darüber nachgedacht werden: Was heißt „Volkskirche“? Das kann nicht mehr bedeuten, daß alles Volk zu ihr gehört, denn dies stimmt faktisch nicht mehr; sondern es muß im Sinne Wicherns und der Väter der Evangelisation doch verstanden werden als „missionierende Kirche – Kirche für alles Volk“, d.h. die Kirche schuldet allen Menschen die rettende Botschaft.

4. Ist die Kirche bereit, „Evangelisation“ als Proprium ihres Tuns festzulegen, und ist sie bereit, unter Preisgabe ihres unheilvollen Pluralismus sich darauf zu konzentrieren? Das würde beispielsweise auch bedeuten, daß Kirchenleitungen und Synoden

ihre Geldausgaben auf ihre missionarische Effektivität hin überprüfen. Manches in der Kirche kann sterben, damit die Evangelisation leben kann.

5. Es wäre höchste Zeit, daß in der Ausbildung der künftigen Pfarrer das Fach „Evangelistik“ eingeführt wird. Wenn das eine Richtung im Fachbereich der praktischen Theologie sein könnte, wäre das wohl am sinnvollsten. Aber Studenten der Theologie müssen auch in ihrer Ausbildung positiv und nicht in karikaturenhafter Verzerrung mit dieser Lebensfrage der Kirche konfrontiert werden. Das Gespräch zwischen Theologie und Evangelisation muß aufgenommen und weitergeführt werden. Johannes Hansen und Christian Möller haben einen guten Anfang gemacht. Ich erinnere an ihr gemeinsames Buch „Evangelisation und Theologie – Texte einer Begegnung“ (Neukirchener Verlag, 1980).

6. Die Gemeinschaftsbewegung muß sich neu auf den evangelistischen Auftrag besinnen und darf nicht in einer evangelistischen Routine erstarren. In diesem Zusammenhang stellen sich auch Fragen an die theologischen Ausbildungsstätten im Raum der Gemeinschaftsbewegung. Sind unsere Seminare noch Evangelistenschulen? Sind sie nicht weithin auch theologische Seminare geworden? Nichts gegen theologische Seminare! Aber ist „Evangelistik“ dort wirklich ein entscheidendes Hauptfach?

7. Wie Christlieb und Schrenk, so können wir auch heute von den Amerikanern auf diesem Feld manches lernen. Aber wir können nicht einfach kopieren. Das haben uns die Väter ins Stammbuch geschrieben. Christlieb und Schrenk waren dankbar für alle Impulse von drüben. Schrenk hat tiefe Eindrücke von den Evangelisationen Moodys erhalten. Er bezeichnete ihn als einen „Evangelisten von Gottes Gnaden“. Und doch meinte er immer, man müsse die deutsche Mentalität beachten, man müsse transponieren, aber nicht kopieren.

8. Wenn Deutschland immer mehr zum Missionsland in einer nachchristlichen Zeit geworden ist, dann gilt es, die positiven Kräfte in Kirche und Gemeinschaftsbewegung zusammenzufassen in der gemeinsamen evangelistischen Arbeit. Es gibt viele Metho-

den, Strategien, Wege, aber wir haben nur ein Ziel, das der Apostel Paulus in die Worte kleidet: Wir wollen Menschen für Jesus Christus gewinnen, damit sie das ewige Leben haben.

Das Wort vom Kreuz*

Die Aktualität von Luthers Unterscheiden zwischen „Theologie des Kreuzes" und „Theologie der Herrlichkeit"*

Einleitung

Der finnische Theologe Lennart Pinomaa hat in einem Vorwort zu seinem 1962 herausgegebenen Buch „Sieg des Glaubens – Grundlinien der Theologie Luthers" folgendes geschrieben: „Als junger Student an der Universität Helsinki habe ich Anstoß daran genommen, daß der Professor für Kirchengeschichte in seinen Vorlesungen so oft, ohne daß der Zusammenhang es forderte, sich auf Luther berief. Ich war der Meinung, daß man keinem einzelnen Menschen eine so große Bedeutung beimessen sollte. Später habe ich an diesem Punkt meine Anschauung jedoch gründlich revidieren müssen. Ich bin heute in viel größerem Maße als mein Lehrer bereit, in der theologischen Auseinandersetzung auf Luther zurückzugehen. Luther wurde mein Schicksal – aber ein gesegnetes –, als Professor Dr. Ragnar Bring, Lund, im Winter 1932 mich auf den Weg der Luther-Forschung wies."

Ich stimme Lennart Pinomaa entschieden zu. Es tut heute not, in einer Zeit der Verwirrung, der Vernebelung und der Verführung, sich mit der reformatorischen Theologie neu zu beschäftigen.

Luthers Theologie ist eine „theologia crucis". Walther von Loewenich äußert sich über Luthers „theologia crucis" folgendermaßen: „Das Kreuz ist für Luther nicht nur Gegenstand der Theologie, sondern Vorzeichen aller Theologie. Es bildet ein inte-

---

* Vortrag bei der Tagung der Europäischen Inneren Missionen am 1. Oktober 1987 in Börkop/Dänemark.

grierendes Moment aller christlichen Erkenntnis. Theologia crucis ist nicht ein Kapitel der Theologie, sondern eine bestimmte Art von Theologie. Das Kreuz Christi ist hier nicht nur von Bedeutung für die Frage nach Erlösung und Heilsgewißheit, sondern ist die perspektivische Mitte aller theologischen Aussagen." Martin Luther sagt selber: „Das Kreuz Christi ist die einzige Auslegung des Wortes Gottes, die einfachste Theologie."

Luther ist Bibeltheologe. Er ist Exeget. Er ist Prediger des Evangeliums. Bei der Beschäftigung mit der Heiligen Schrift hat er die „theologia crucis" entdeckt. Paulus ist sein großer Lehrmeister geworden. In unserem Thema stehen die beiden Worte „Kreuz" und „Sieg" („Herrlichkeit"). Der „theologia crucis" steht die „theologia gloriae" gegenüber.

Ist das Neue Testament nicht voll vom Sieg? Ist die Botschaft des Evangeliums nicht eine unüberbietbare Siegesbotschaft? Hat Luther das übersehen? Kommt das etwa bei ihm zu kurz? Luther weiß um Ostern, um Christi Herrschaft und um Christi Kommen. Er weiß als Bibeltheologe um den Sieg Christi über alle Mächte des Verderbens. Und doch ist die Theologie des Paulus und in seinem Gefolge die Martin Luthers eine „theologia crucis". Wir leben im Glauben und nicht im Schauen. Wir stehen in der Anfechtung, wir sind noch nicht am Ziel, in der Ruhe des Volkes Gottes.

Es ist nicht möglich, jetzt im einzelnen die „theologia crucis" im Gegenüber zur „theologia gloriae" zu entfalten. Es geht um die Aktualität der lutherischen Kreuzestheologie heute.

I. Zum Verständnis von Luthers Theologie des Kreuzes

1. *Luthers Thesen*

Zum ersten Mal ist von der „theologia crucis" bei Luther die Rede in der Hebräerbrief-Vorlesung des Jahres 1517/1518. In der

Mitte dieser „theologia crucis“ steht die leidende Menschheit Christi. Gott verbirgt sich darin, um sich zu offenbaren. Dann aber stellt Martin Luther in seiner Heidelberger Disputation vom 26. April 1518 die „theologia crucis“ der „theologia gloriae“ gegenüber. Er beginnt seine Thesenreihe mit dem Vorwort: „In gänzlichem Mißtrauen gegen uns selber, getreu der Weisung des Heiligen Geistes: ‘Verlaß dich nicht auf deinen Verstand‘, unterbreiten wir in aller Demut dem Urteil aller, die dabei sein wollen, folgende theologische Paradoxe, damit so offenbar werde, ob sie zu Recht oder Unrecht dem göttlichen Paulus, diesem erwähltesten Gefäß und Werkzeug Christi, sowie dem Heiligen Augustin, seinem treuesten Dolmetsch, entnommen sind.“

Luther beruft sich also bei seinen Thesen auf Paulus und Augustin. Seine Thesen sind der Frontal-Angriff gegen die scholastische Theologie. Es ist in unserem Zusammenhang nicht möglich und nicht nötig, auf die Scholastik näher einzugehen. Nur einige wenige Bemerkungen. Im 13. Jahrhundert beginnt die Blütezeit der Scholastik. Aristoteles, der heidnische Philosoph, hält Einzug in die abendländische Theologie. Die Scholastiker liegen zum Teil im Streit miteinander. Der bedeutendste unter ihnen ist zweifellos Thomas von Aquin (1225–1274). Bei ihm finden kirchliches und aristotelisches Denken ihre höchste Einheit. Widerspruch erfuhr Thomas von Aquin von Duns Scotus, dem anderen bedeutenden Theologen der Scholastik (gest. 1308). Im Gegensatz zu Thomas kann man bei ihm hören: Der Glaube ist nicht Verlängerung des Wissens (die Stockwerktheorie bei Thomas), sondern steht dem Wissen als ein völlig andersartiger Akt gegenüber.

Der dritte bedeutende Vertreter der mittelalterlichen Scholastik ist Wilhelm von Occam (geb. um 1300, gest. 1350). Bei ihm stehen Wissen und Glauben im schärfsten Gegensatz. Es ist also innerhalb der Scholastik ein Kampf der verschiedenen Schulen untereinander entbrannt. Luther ist Occamist. Er lernt im Blick auf die Scholastik auf der einen Seite die „via antiqua“ kennen, also den alten Weg der scholastischen Schulhäupter, wie er von Thomas von Aquin und Duns Scotus beschritten worden ist. Und er lernt auf der anderen Seite die „via moderna“ kennen, die als ein Schulhaupt Wilhelm von Occam hat. Man nennt die Vertreter der „via moderna“ auch die „Nominalisten“, die allerdings bei den anderen Theologen als Skeptiker verrufen waren. Die Nominalisten erkannten den Universalien (Allgemeinbegriffen) keine Eigenwirklichkeit zu, sondern sahen in ihnen nur vom Verstand gebildete Begriffe (nomina). Luther wird Nominalist, aber als Schüler und Kritiker zugleich. Er kann einmal sagen: „Nicht Autoritäten, sondern Argumente verlange ich. Deshalb widerspreche ich sogar meiner eigenen Schule der Occamisten, die ich völlig in mich eingezogen habe.“

Luthers scharfe Ablehnung einer Vermischung von Philosophie und Theologie ist uns bekannt, gerade auch seine harten Urteile gegenüber Aristoteles. Freilich kann Luther im Blick auf die Philosophie auch sagen: „Der Philosophie gebührt an ihrem Ort Respekt, wie auch der ratio. Sie muß aber in ihren Grenzen bleiben. Sie wird zur Hure des Teufels in ihrem Widerspruch zum Glauben.“

Hören wir nun die entscheidenden Thesen aus der Heidelberger Disputation.

These 19: Der ist es nicht wert, ein Theologe genannt zu werden, der Gottes „unsichtbares Wesen“, durch seine Werke erkennt und versteht (Röm 1,20; vgl. 1.Kor 1,21-25).

These 20: Aber der (verdient ein rechter Theologe genannt zu werden), der das, was von Gottes Wesen sichtbar und der Welt zugewandt ist, als in Leiden und Kreuz sichtbar gemacht, begreift.

These 21: Der Theologe der Herrlichkeit nennt das Schlechte gut und das Gute schlecht. Der Theologe des Kreuzes nennt die Dinge, wie sie wirklich sind.

These 22: Jene Weisheit, die Gottes unsichtbares Wesen in den Werken erkennt und schaut, bläht auf, macht blind und verstockt.

These 23: Und „das Gesetz wirkt den Zorn“ Gottes (Röm 4,15), es tötet, verflucht, klagt an, richtet und verdammt alles, was nicht in Christus ist.

These 24: Nun ist wohl jene Weisheit nicht an sich schlecht, und das Gesetz ist nicht zu fliehen; aber der Mensch mißbraucht ohne die *Theologie des Kreuzes* das Beste zum Schlimmsten.

These 25: Nicht der ist gerecht, der viele Werke tut, sondern wer ohne Werke viel an Christus glaubt.

Martin Luther hat zu den einzelnen Thesen natürlich auch Begründungen gegeben. Ich nenne nur einige Sätze:

Zu These 20: In Christus, dem Gekreuzigten, also ist die wahre Theologie und Gotteserkenntnis, wie es auch Joh 14,6 und 10,9 bestätigen: „Niemand kommt zum Vater, denn durch mich“; „ich bin die Tür“ usw.

These 21 begründet Luther so: „Das ist klar: Weil er (der Theologe der Herrlichkeit) doch Christus nicht kennt, kennt er auch nicht den im Leiden verborgenen Gott. Daher zieht er die Werke dem Leiden, die Herrlichkeit dem Kreuze, die Kraft der Schwachheit, die Weisheit der Torheit, überhaupt das Gute dem Bösen vor. Gott kann aber nur in Kreuz und Leiden gefunden werden, wie schon gesagt. Darum nennen die Freunde des Kreuzes das Kreuz gut und die Werke schlecht, weil durch das Kreuz die Werke niedergerissen werden, und der durch die Werke wieder aufgerichtete ‚alte Adam’ gekreuzigt wird.“

2. *Christi Kreuz und unser Kreuz*

Pinomaa schreibt in seinem erwähnten Buch: „Der Schlüssel zu Luthers Theologie ist sein Offenbarungsbegriff. Wie entsteht und wie wächst unsere Erkenntnis Gottes?“ Luther argumentiert biblisch. Er stellt Röm 1 und 1.Kor 1 einander gegenüber. In den Heidelberger Thesen spricht Luther scharf gegen die bisherige Theologie. Alle Spekulation wird verworfen. Der Weisheit dieser

Welt (ein Kennzeichen der „theologia gloriae“) wird die göttliche Torheit und die göttliche Schwachheit, wie sie in der Kreuzesbotschaft zum Ausdruck kommt, gegenübergestellt („theologia crucis“).

In den Heidelberger Thesen, gerade in den zitierten, wird immer wieder von den „Werken“ und vom „Leiden und Kreuz“ gesprochen. Was ist mit den Werken gemeint? Und was ist mit den Leiden und dem Kreuz gemeint? Beide Male ist eine doppelte Blickrichtung geboten. Es geht einerseits um die Werke Gottes, die er in der Schöpfung oder in der Geschichte tut. Es geht aber andererseits auch um unsere menschlichen Werke, die wir tun, um uns vor Gott zu behaupten. Genauso ist es beim zweiten Punkt. Es geht einmal um das Leiden Christi und um das Kreuz, das er trägt und an dem er stirbt, und es geht andererseits um das Leiden und das Kreuz, das wir als Christen in der Nachfolge des Herrn zu tragen haben. Paul Althaus bemerkt: „Luther geht wie selbstverständlich von dem einen zum anderen über. Das ist keine Unklarheit seines Denkens, kein Sprung, sondern hat seinen tiefen sachlichen Grund und Sinn. Die Frage der rechten Erkenntnis Gottes und die Frage nach der rechten ethischen Haltung sind für Luther zuletzt nicht zweierlei, sondern ein und dieselbe.“

Und weiter vermerkt Althaus: „Es gehört zu dem Tiefsten in Luthers Theologie, daß er die innere Verwandtschaft, ja Identität, des religiösen Intellektualismus und des Moralismus erkannt hat und beiden das Kreuz gegenüber stellt.“ Der religiöse Intellektualismus will Gott auf dem Weg der Vernunft erkennen. Der religiöse Moralismus will vor Gott aufgrund des Gesetzes gerecht werden. Beides ist für Luther nach der Heiligen Schrift unmöglich. Dieser Weg ist der Weg der „theologia gloriae“. (Man beachte, daß Luther in der These 21 von dem Theologen der Herrlichkeit und dem Theologen des Kreuzes spricht).

3. *Jesus – Sieger als Opferlamm*

Von Augustin stammt im Blick auf Christus das Wort: „Victor quia victima". Christus ist „Sieger als Opfer, als der Besiegte". Für Horst Georg Pöhlmann ist dieses Augustin-Wort das Leitwort seiner ganzen Dogmatik. Ich darf einige Sätze von Pöhlmann zitieren, die dieses Leitwort auslegen: „Die Gottheit Jesu verbirgt sich unter seiner Menschheit, sein Sieg versteckt sich unter einer Niederlage, er ist Sieger nur als Besiegter, Sieger über das Leid der Menschheit nur als der selbst Leidende, er ist *victor* nicht ohne *victima,* sondern eben *victor quia victima.* Nur weil er so ununterbietbar tief hinabsteigt zum Menschen, daß er mit seinem Leid solidarisch wird, kann er es besiegen. Nur dieser partnerschaftliche, menschlich-mitmenschliche, mitleidende Christus, der keine göttliche Aura hat, weil seine Gottheit sich in seiner Menschheit verbirgt, nur dieser niedrige Christus des Neuen Testamentes sagt dem heutigen Menschen noch etwas, der über- und unmenschliche, mitleidlose Supermensch der byzantinischen Christologie läßt ihn kalt. Dem modernen Menschen, dem man durch nichts, auch nicht durch christologische Würdetitel und Würdenamen imponieren kann, muß Christus als der Titellose und Namenlose, wirklich als Incognito Gottes verkündigt werden. Sein Christus muß sich mit ihm auf eine Stufe stellen, mit ihm solidarisch werden, ihn dort abholen, wo er steht, wenn er ihn heimholen will. Auf einen kierkegaardschen Sprung ins Ungewisse läßt sich dieser entzauberte, säkularisierte, moderne Mensch, auch wenn noch so große christologische Sprungtücher aufgehalten werden, nicht ein. Diesem säkularisierten Menschen ist das Christuszeugnis nur als Insäkularisation klarzumachen."

„Insäkularisation" aber heißt theologisch: Das Wort wurde Fleisch, kam in die Welt. Er wurde bis zur Unkenntlichkeit unter dem Gegenteil verborgen. Als Mensch gewordenes Wort wird Christus verwechselbar. Er wird nicht ein Mensch im Sinne eines Übermenschen, eines Genies, eines Dichterfürsten, eines großen Feldherrn. Das Sakrale und das Profane können nicht mehr unterschieden werden. Das Mensch gewordene Wort versteckt sich im Weltlichen. In Jesus von Nazareth, dem Christus Gottes, ist Gottes Offenbarung verborgen und verhüllt. Christus geht als der Knecht über diese Erde und durch sein Volk. Es sei erinnert an den Christushymnus des Philipperbriefes (Kap. 2): „Er entäußerte sich selbst und nahm Knechtsgestalt an ..." Diese Verborgenheit und Verhüllung geht von Bethlehem bis Golgatha.

4. Folgerungen für uns

Durch die „theologia crucis" werden wir auf ein neues Verständnis dessen gestoßen, was wir „Wirklichkeit" nennen. „Was Welt und Vernunft für die wahre Wirklichkeit halten, ist es nicht. Die wahre Wirklichkeit Gottes und seines Heiles ist ‚paradox', unter ihrem Gegenteil verborgen. Sie läßt sich daher nicht von der Vernunft erfassen, sie kann nicht Gegenstand ihrer Erfahrung sein. Nach den Maßstäben der Vernunft und der Erfahrung – das ist aber der Maßstab der Welt – ist die wahre Wirklichkeit unwirklich – wirklich ist das Gegenteil zu ihr, das Widerspiel. Allein der Glaube kann die wahre, die paradoxe Wirklichkeit erfassen. So treten in Luthers 'theologia crucis' überall die Sicht der Vernunft, der Sinne, der Erfahrung, der Welt einerseits, die Sicht des Glaubens (und der ihm geschenkten Erfahrung) andererseits einander gegenüber" (Paul Althaus).

Andererseits bedeutet die „theologia crucis" für uns, die wir Christus gehören, daß wir mit ihm auf dem Weg des Leidens und des Kreuzes sind. Ein paar Lutherworte dazu: In der Auslegung des Propheten Habakuk vom Jahre 1526 sagt Luther: „Das ist das rechte Kreuz der Kinder Gottes; so muß ihr Leiden getan sein, daß sie unterliegen und dazu Unrecht haben müssen und mit den Übeltätern, wie Christus, gerechnet werden."

In seinem Sermon von Leiden und Kreuz aus dem Jahre 1530 heißt es: „Wohlan, will ich ein Christ sein, so muß ich auch die Hofefarbe tragen, der liebe Christus gibt kein ander Gewand aus an seinem Hofe, es muß gelitten sein." In den Schlußsätzen der 95 Thesen von 1517 finden wir den Satz: „Man soll die Christen ermahnen, daß sie ihrem Haupte Christus durch Strafe, Tod und Hölle nachfolgen lernen und also ihr Vertrauen mehr darauf setzen, durch viel Leid in den Himmel einzugehen als durch sicheren Frieden." In der Heidelberger Disputation von 1518 lesen wir in der Begründung zu These 24: „Wer noch nicht durch Kreuz und Leiden zu schanden und zunichte geworden ist, schreibt sich selbst Werk und Weisheit zu, nicht aber Gott, und so mißbraucht er Gottes Gaben und befleckt sie." Luther kann sagen, daß es nicht darauf ankomme, daß wir die Splitter vom Kreuz in Gold und Silber fassen, sondern daß wir die Malzeichen des Leidens Christi mit Freuden an unserem eigenen Leibe tragen.

Auf dem Grunde der „theologia crucis" stehen heißt, im Glauben leben. Wir sind noch nicht im Schauen. Wir werden gleich noch einige Worte dazu sagen, was Luther unter Glauben versteht.

Und schließlich sei das noch als entscheidender Satz vermerkt: Wir stehen in der Anfechtung (*tentatio*). 1532 hat Luther bei Tisch gesagt: „Ich habe meine Theologie nicht auf einmal gelernt, sondern hab immer tiefer und tiefer graben müssen, dahin haben mich meine Anfechtungen gebracht." Walther von Loewenich schreibt in seinem schon zitierten Buch: „Nach der ‚theologia crucis' ist es die schlimmste Anfechtung, keine Anfechtung zu haben; denn Anfechtung hält den Glauben in Bewegung. Das Leben unter dem Kreuz ist ein Leben der Anfechtung, Theologie des Kreuzes ist Theologie der Anfechtung. Luther entfaltet an Abraham nicht nur seine Theologie des Glaubens, sondern auch seine Theologie der Anfechtung: Wieder ein Zeichen dafür, wie unzertrennlich für Luther Glaube und Anfechtung verbunden sind."

Wir fassen diesen Gedanken zusammen, indem wir mit Paul Althaus sagen: „theologia crucis ist Theologie des Glaubens, und Theologie des Glaubens ist Theologie der Anfechtung."

II. Die Theologie des Kreuzes als Fundament christlicher Existenz

1. *Gottes Offenbarung in Niedrigkeit*

„Unser Leben ist mit Christus verborgen in Gott" (Kol 3,1). Das gilt für unseren Christenstand in dieser Welt. Der *logos* war in der *sarx* verborgen. Gott ist im Leiden und Sterben seines Sohnes versteckt. Gott verhüllt sich in dem Juden Jesus von Nazareth. Jesus ist Mißdeutungen und Mißverständnissen ausgesetzt. Man lese nur die Berichte der Evangelisten dazu. Jesus ist geliebt und gehaßt, er wird verehrt und verlacht. Immer steht unter den Menschen seine Person in der Paradoxie. Die einen halten ihn für einen Gottgesandten, die anderen für einen, der von bösen Geistern besessen ist.

Diese Paradoxie findet ihren Gipfelpunkt im Leiden und Sterben Jesu. Wir hören dabei die Worte des Propheten: „Er hatte keine Gestalt und Hoheit (Ansehen und Pracht). Wir sahen ihn, aber da war keine Gestalt, die uns gefallen hätte. Er war der Allerverachtetste und Unwerteste (verlassen von Menschen), voller Schmerzen und Krankheit (ein Schmerzensmann). Er war so verachtet, daß man das Angesicht vor ihm verbarg (wir rechneten nicht mit ihm). Darum haben wir ihn für nichts geachtet" (Jes 53,2b-3). Er ist „victima", das Opfer, das Opferlamm. Er ist „victima", das heißt – in den Augen der Welt – der Besiegte. Und doch ist er der „victor", der Sieger. Seine Hoheit ist in seiner Niedrigkeit versteckt, seine Gottheit in seiner Menschheit, seine Kraft in seiner Schwachheit und Ohnmacht, sein Sieg in seiner Niederlage. „Die Identität zwischen dem König und dem Knecht ist für die Vernunft ein unerträgliches Paradoxon. Sie versteht nicht, daß der, der als der ärmste und elendeste Knecht erscheint, auch der König sein soll" (bei Marc Lienhard).

Es bleibt dabei: Wollen wir Gott in seinen Werken, in der Geschichte, in den Naturabläufen erkennen, so enden wir beim „deus absconditus" (verborgenen Gott). Den „deus revelatus" (offenbaren Gott) finden wir allein in dem „deus crucifixus" (gekreuzigten Gott). Gott offenbart seine Herrlichkeit in der leidenden Menschheit Jesu Christi, in der Niedrigkeit seines Fleisches, in Brot und Wein des Abendmahles.

Aber nun gilt: Der Weg des Christus ist unser Weg, denn der Jünger ist nicht über seinen Meister. Paulus kann im 2. Korintherbrief schreiben, daß wir den Schatz (des Glaubens, der Gotteskindschaft, des Evangeliums, oder wie wir es auch sonst formulieren wollen) in irdenen, in zerbrechlichen Gefäßen tragen. Gerade das Leben des Apostels Paulus, und wiederum gerade wie er es uns im 2. Korintherbrief schildert, ist ein Musterbeispiel für die Leidens- und Kreuzesnachfolge. Hier wird „theologia crucis" erlebt und erlitten. Sie wird aber auch bewußt angenommen und durchgehalten. Das macht Paulus etwa an dem großartigen Satz deutlich: „Ich will mich am allerliebsten rühmen meiner Schwachheit; denn wenn ich schwach bin, dann bin ich stark" (2.Kor 12,10). Ich denke jetzt auch an Dietrich Bonhoeffers „Nachfolge". In diesem Buch ist die „theologia crucis" konkretisiert und aktualisiert. „Nachfolge ist Bindung an den leidenden Christus", schreibt er. „Darum ist das Leiden nichts Befremdliches. Es ist vielmehr lauter Gnade und Freude."

Wir sind eben nicht die strahlenden Siegeshelden, nicht die perfekten Christen. Wir sind „simul justus et peccator" (gleichzeitig gerecht und Sünder) und bleiben es auf dieser Erde. Sieg und Niederlage, Niederlage und Sieg wechseln in unserem Christenleben ab. Darum können wir allein aus der Rechtfertigung leben.

Und da, wo wir mit unserer Christusnachfolge Ernst machen, haben wir ja auch, wie der Herr und seine Apostel, mit dem Widerspruch und Widerstand dieser Welt zu rechnen.

2. *Theologie des Kreuzes als Theologie des Glaubens*

Aus der Fülle dessen, was hier zu sagen wäre, möchte ich zwei Punkte herausgreifen, die für die heutige Diskussion wichtig sind.

Der Glaube und das Wort Gottes gehören unzertrennlich zusammen. Das Wort, wie wir es in der Heiligen Schrift vor uns haben, wird durch den Heiligen Geist für mich, heute und jetzt zur „viva vox evangelii“ (lebendigen Stimme des Evangeliums). Der Glaube kommt aus dem Hören des Wortes (Röm 10, 17). Das Wort ist der Same unserer Wiedergeburt (1.Petr 1,23). Das vom Heiligen Geist getragene und begleitete Wort wirkt den Glauben. Das Wort wirkt aber nicht nur den Glauben, sondern es trägt den Glauben ein Leben lang. Der Glaube ist immer mit dem Wort verbunden und auf das Wort der Schrift bezogen. Ohne dieses Wort kann der Glaube nicht leben. Wir können einen Schritt weiter gehen und so formulieren: Im Wort der Schrift begegnet uns Christus, der lebendige Herr. Wir können noch kühner mit der Schrift formulieren: Das Wort ist Christus. Mit dem Wort leben heißt dann aber: Mit Christus leben.

Dabei geht es zunächst um den „nackten“ Glauben an das Wort der Schrift. Luther kann sagen: „In dem Glauben muß man alle Dinge aus den Augen tun ohne das Wort Gottes ... Der Glaube hanget allein dem Wort los und lauter an, wendet die Augen nicht davon, siehet kein ander Ding an.“ In einer Weihnachtspredigt von 1522 heißt es: „Nicht eher und nicht weiter sollst du glauben, es sei denn, du habest Gottes Wort; denn Wesen und Natur des Glaubens ist's, sich auf Gottes Wort zu verlassen und zu bauen. Wo nicht Gottes Wort ist, da kann und soll kein Glaube sein.“

Über die Fragen Glaube als Vertrauen und Glaube als Gehorsam, die in Luthers Theologie ja ebenfalls eine große Rolle spielen (man denke z.B. nur an die Auslegung der Abrahamsgeschichten oder an die Ausführungen Luthers zur kanaanäischen Frau), kann ich jetzt nicht eingehen.

3. Glaube und Erfahrung

Auf diese Stichworte komme ich im dritten Hauptteil, wenn es um die Aktualisierung und um bestimmte Fragestellungen heute geht, noch einmal zurück. Hier geht es mir nur darum, zu unterstreichen, daß die Frage nach der Erfahrung in der „theologia crucis" durchaus ihren Platz hat. Luther hat betont, daß der Glaube kein „Sehen" ist. Dabei stützte er sich vornehmlich auf Hebr 11, 1. Er übersetzt dort bekanntlich so: „Der Glaube ist ein Nichtzweifeln an dem, das man nicht sieht." Auslegend fügt er hinzu: „Aber hie ist Glauben not, denn der Vater, der Richter, der Gott (vgl. Ps 68,6) ist verborgen da gegenwärtig. Seine Wohnung ist heilig, das ist abgesondert, kann niemand hineingehen, denn der Glaube." Paul Althaus bemerkt dazu: „Weil Gott selber verborgen ist, hat man ihn und das, was sein Wort verheißt, nur im Glauben an das Wort."

Luther weist uns darauf hin, daß der Glaube oft Erfahrungen nicht nur entbehren muß, sondern Erfahrungen sogar gegen sich hat und trotz dieser Erfahrungen durchhalten und sich behaupten muß. Althaus macht darauf auftnerksam, daß Luther die Gegensätzlichkeit von Glaube und Erfahrung vor allem an den Bedrängnissen und Trübsalen dieses Lebens aufzeigt.

Andererseits weiß Luther aber auch um Erfahrungen, die der Glaube macht. Der Glaube macht auf der einen Seite seine Erfahrungen mit dem Worte Gottes. Luther kann an der Stelle das Zeitwort „fühlen" gebrauchen: Das Herz fühlt, wie wahr und recht das Wort sei. Der Heilige Geist macht das Wort mächtig in unseren Herzen. Wir erfahren, wie das Wort uns trägt, tröstet, erfreut, korrigiert, also seinen vielfältigen Dienst an uns tut.

Andererseits macht der Glaube aber auch immer wieder Erfahrungen im alltäglichen Leben. Gott erweist sich als der Lebendige in unserer alltäglichen Existenz. Diese Erfahrungen mit Gott macht der Christ gerade auch dadurch, daß er den Glauben in der Liebe tätig sein läßt. Der Glaube will Werke tun. In seinen Tischreden sagt Luther 1533 einmal: „Die Werke sind des Glaubens

Siegel und Prob, denn wie Briefe (Urkunden) müssen ein Siegel haben, so der Glaube die Werke."

Es ist wohl Walther von Loewenich zuzustimmen, der meint: „Es gibt keine ungebrochene Erfahrung des Glaubens. Umgekehrt gibt es keinen Glauben, der nicht erfahrungsbezogen wäre. Der Glaube verlangt immer nach Durchsetzung und Gestaltung; diese Gestaltung gehört aber ins Reich der Erfahrung."

4. *Glaube und Anfechtung*

In der Römerbrief-Vorlesung 1515/16 kann Martin Luther sagen: „Immer gleicht der Gerechte mehr dem Besiegten als dem Sieger, wenn er angefochten wird und im Kampfe steht. Denn der Herr läßt es zu, daß er bis an die äußerste Grenze seines Vermögens versucht und angefochten wird, so wie Gold im Schmelztiegel." Wir denken an Augustins Satz: „Victor quia victima" (Sieger, weil Opferlamm). Das Leben unter dem Kreuz ist ein Leben der Anfechtung. Sie kann aus der Frage nach dem Sinn des Leidens entstehen. Sie kann daran entstehen, daß Gott manchmal sich selbst zu widersprechen scheint. Luther verdeutlicht dies am Beispiel Abrahams. Von Loewenich sagt zur Stelle: „In der Anfechtung ringt der Glaube mit dem Selbstwiderspruch Gottes. Freilich die schwerste Anfechtung kommt dann über den Menschen, wenn er sich von Gott verlassen und verworfen glaubt. Luther kann sagen, daß diese Anfechtung nur den Heiligsten zuteil wird."

In seiner Genesis-Vorlesung gibt Luther drei Gründe an, warum die Anfechtung für den Christen nötig ist. Einmal meint er, daß die Anfechtung jegliche Sicherheit zerstöre und den Menschen in die rechte Selbsterkenntnis führe. Dadurch wird der Mensch vor der *superbia,* dem Hochmut, bewahrt. Zum andern wird der Glaube in der Anfechtung geweckt und, wenn er die Anfechtung überwindet, geht er aus ihr gestärkt hervor. Zum dritten lehrt Anfechtung beten. Das Gebet aber überwindet die Anfechtung. Luther kann so weit gehen, daß er sagt, daß wir Christen Gott für die Anfechtung danken und sie als ein Geschenk aus der Hand Gottes annehmen sollen.

Wir stimmen Walther von Loewenich zu, der die Anfechtung für einen Zentralbegriff der „theologia crucis“ hält. In der Einleitung zu seinem 1949 erschienenen Buch „Theologie der Anfechtung“ schreibt Helmut Thielicke: „Alle ‚theologia crucis‘ glaubt wider die Anfechtung, weil sie es mit der Knechtsgestalt Gottes zu tun hat.“ Ich möchte es noch einmal in einem Zitat von Pinomaa zum Ausdruck bringen, der formuliert: „Die Anfechtungslosigkeit als Glaubensideal ist letzten Endes unerreichbar. Es ist vergleichbar mit dem Berg der Verklärung, auf dem sich niemand eine Hütte errichten kann. Denn weil die Sünde bis zum Lebensende im Menschen wohnt, bleibt die Anfechtung so lange Wirklichkeit, bis der Tod alle Unvollkommenheit auslöscht.“

Es ist ein Akt der Barmherzigkeit Gottes, daß er uns trotz der Anfechtung und in aller Anfechtung durch seinen Heiligen Geist in der Gewißheit des Heiles erhält. In der Anfechtung werden wir auf das Wort geworfen. Im Wort begegnet uns Christus. Die Gewißheit des Heiles ruht ja nicht in unseren Seelenzuständen, sondern „extra nos“ (außerhalb von uns); sie ruht im gekreuzigten Christus.

Wir müssen hier abbrechen. Einige wichtige Fragen blieben ausgeklammert. Walther von Loewenich weist in seiner „theologia crucis“ auf drei besonders wichtige Merkmale des Lebens unter dem Kreuz hin. Er nennt die „humilitas“, die „tentatio“ und die „oratio“ (Demut, Anfechtung und Gebet). Über die „tentatio“ sprachen wir kurz.

„Humilitas“ (Demut) ist vollendete Selbsterkenntnis im Angesichte Gottes (von Loewenich). Sie ist das Wissen darum, daß wir mit unseren Tugenden vor Gott nicht bestehen können. Es wäre einer eigenen Untersuchung wert, daß – nach Ansicht Walther von Loewenichs – die letzte Entscheidung über den Wert von Luthers „theologia crucis“ bei der Frage nach dem Gebet fällt.

III. Die Theologie des Kreuzes in der Auseinandersetzung mit Zeitströmungen

1. Theologie des Kreuzes und unsere Verkündigung

Wie steht es um unsere Verkündigung? Luther beruft sich bei seiner „theologia crucis" vornehmlich auf das, was der Apostel Paulus im 1. und 2. Korintherbrief schreibt. Vergegenwärtigen wir uns: Paulus kommt auf der 2. Missionsreise nach Korinth, in eine Stadt, in der die verschiedensten Menschengruppen zusammen leben. Die verschiedensten geistigen und religiösen Strömungen bestimmen das Leben der Stadt. Als Hafenstadt ist Korinth einer der wichtigen Umschlagplätze des Handels von Ost nach West und umgekehrt: Eine Stadt voll wirtschaftlicher Blüte und Reichtums, aber auch voller Lasterhaftigkeit und Armut. Hat das Evangelium in dieser Stadt überhaupt eine Chance? Paulus weicht gerade dieser Stadt nicht aus. Er konfrontiert die Korinther mit dem Evangelium Gottes. In der Erinnerung an seine gemeindeaufbauende Arbeit schreibt der Apostel: „Ich entschied mich dafür, unter euch nichts anderes zu wissen und zu verkündigen, als allein Jesus den Messias, und zwar den Gekreuzigten" (1.Kor 2,2). Paulus fügt hinzu, daß er in Korinth in Schwachheit und Furcht und mit großem Zittern gewesen sei. Aber eben diese Botschaft vom gekreuzigten Christus hat sich in Korinth als Gottes Kraft erwiesen. Menschen, vor allem aus den niederen Schichten, kamen zum lebendigen Glauben an Jesus Christus; es entstand eine geistbewegte Gemeinde. Sicher war den Juden die Kreuzesbotschaft ein „skandalon" (Ärgernis) und für die Heiden war sie eine „moria" (Torheit). Aber der Apostel hat das ständig erfahren, daß sich an dieser Kreuzesbotschaft die Geister scheiden. So sehr Paulus auf die Menschen seiner Zeit eingegangen ist, um sie da abzuholen, wo sie waren (man denke nur an das, was er in 1.Kor 9 dazu schreibt), so sehr hat er doch an seiner Kreuzesbotschaft festgehalten und das Ärgernis dieser Botschaft nicht aufgehoben.

Es stellt sich die Frage, ob wir uns mit unserer Verkündigung dem heutigen Menschen nicht so anpassen, daß wir das Ärgernis des Kreuzes verdrängen oder gar verraten. Dabei sollte uns doch als biblisch-reformatorische Theologen allzeit vor Augen stehen, daß der Mensch aller Zeiten ein vor Gott Verlorener ist und allein durch die Botschaft vom Kreuz das rettende Wort erfährt, das ihn aus seinem Verderben herausholt. Unsere Losung soll sein, was Martin Luther in der Auslegung des 1. und 2. Kapitels des Johannesevangeliums 1537/38 sagte: „Alle unsere Predigten gehen dahin, daß ihr und wir allesamt wissen und glauben sollen, allein Christus sei der einzige Heiland und Trost der Welt, Hirte und Bischof unserer Seelen, wie das Evangelium durchaus auch auf Christus weist, darum ist nichts anderes als des Johannes (des Täufers) Zeugnis. Deshalb ziehen wir die Leute nicht an uns, sondern führen sie zu Christus, welcher der Weg, die Wahrheit und das Leben ist. Umgekehrt sind falsche Lehrer alle die, die nicht von Christus, sondern von sich selbst predigen und Zeugnis ablegen."

Ich stelle noch einmal die Frage: Bestimmt die „theologia crucis" unsere Verkündigung? Heute wird sehr viel Gesetz und damit „theologia gloriae" verkündigt. Das kann man leider auch in bestimmten Evangelisationsveranstaltungen feststellen.

2. *Theologie des Kreuzes und religiöse Strömungen*

Dietrich Bonhoeffer hatte wohl nicht recht, wenn er meinte, daß wir einem religionslosen Zeitalter entgegengehen. Unsere Welt ist voller religiöser Strömungen, so gegensätzlich sie auch sein mögen. Europa ist „Korinth im großen". New Age heißt das neue Zeitalter, in das wir eingetreten sind. Auf den verschiedensten Wegen soll eine Welt des Ausgleiches und der Harmonie geschaffen werden. Okkulte Strömungen gehören dazu, der Einbruch östlicher Religionen breitet sich aus.

Wir treffen auf religiöse Stimmungen und Strömungen, die auf das Transzendente ausgerichtet sind. Ein Synkretismus ohnegleichen hat Europa erfaßt. Diese große Religionsvermischung versucht auch, in das Christentum einzubrechen und es zu bestimmen. Unsere Kirchen sind gefährdet. Den Deutschen Evangelischen Kirchentag von 1987 in Frankfurt möchte ich als Massenveranstaltung eines Synkretismus ohnegleichen bezeichnen. Hier wurden die verschiedensten Meinungen vertreten: Politische Theologie, biblische Theologie, ethische Orientierung und ethische Maßstabslosigkeit. Und das alles nebeneinander. Selbst Moslems und Vertreter anderer Religionen und Kulte traten auf. Wie begegnen wir dieser neuen religiösen Welle, diesem unheilvollen Synkretismus, der das Evangelium verdirbt und in religiöse Systeme einordnet? Am Ende aller dieser religiösen Wege landet der Mensch unweigerlich beim „deus absconditus" (verborgenen Gott). Er findet auf diesen Wegen nicht zum ewigen Heil, sondern höchstens zu einem fragwürdigen Glück.

Wir sind gefragt, wie wir mit seelsorgerlich-missionarischem Einfühlungsvermögen diesem Menschen die „theologia crucis" verkündigen. Es geht dabei auch darum, in welcher Sprachgestalt diese „theologia crucis" dem Menschen unserer Zeit verkündigt und nahegebracht werden muß. Immer aber sind wir gefragt, ob wir zu dem lebendigen Gott das Vertrauen haben, daß er auch heute diese Botschaft vom Kreuz gebrauchen will, um Menschen vom ewigen Verderben zu retten. Es geht darum, daß wir mit unserem Verkündigungsdienst auf Gott ausgerichtet sind und uns von Gott her immer neu senden lassen und uns nicht so sehr imponieren lassen von den Menschen, mit denen wir es zu tun haben.

3. *Theologie des Kreuzes und Siegesleben*

Es ist unbestritten, daß wir vom Sieg Gottes in unserer Verkündigung zu reden haben. Das hat auch Martin Luther mit Freuden getan. Eine andere Frage aber ist, wie wir vom Sieg im Leben des Christen sprechen. Im Pietismus, jedenfalls in bestimmten Bereichen, und in der Heiligungsbewegung hat der Ausdruck vom „Siegesleben“ eine große Rolle gespielt. Manche Verkündiger und Christen sind der Überzeugung, daß wir Röm 7 endgültig hinter uns haben und nun in Röm 8 leben. Ich kann diese Meinung nicht teilen. Über das Verhältnis von Röm 7 und 8 zu handeln, wäre allerdings eine eigene Studie.

Klar ist: Wenn wir Christus gehören, sind wir mithineingenommen in seinen Sieg, den er auf Golgatha und am Ostermorgen errungen hat, und zwar über alle Mächte, die Gott widerstreben. Unvergleichlich schön hat Martin Luther das in der Auslegung des zweiten Artikels zum Ausdruck gebracht: „Er hat mich erworben, gewonnen von allen Sünden, vom Tod und von der Gewalt des Teufels, auf daß ich sein Eigen sei und in seinem Reiche unter ihm lebe …“

Wir haben aber diesen Sieg im Glauben; wir haben ihn als solche, die noch im Kampfe liegen, wir haben ihn als solche, für die die Anfechtung ein lebenslanger Begleiter ist. Vor Augen ist uns der Sieg oft nicht. Wir sehen vielmehr die Schreckensmächte um uns. Wir sind Bedrohte und Gefährdete. Wir haben den Tod vor Augen. Wir werden durch das Zerbrechen im Leiden hindurchgeführt. Daß wir mit Christus im Sieg stehen, will oft gegen den Augenschein geglaubt werden.

Vom Sieg im Leben des Christen zu reden, das kann nimmermehr bedeuten, daß wir uns im Christenleben in einer steten Aufwärtsentwicklung befinden. Gewiß, Gott gibt uns immer wieder durch seinen Heiligen Geist Sieg über die Sünde. Aber dann erfahren wir auch immer wieder, daß wir im Kampfe unterliegen. Gewiß, es gibt ein inneres Wachsen im Christenleben, aber das kann nie bedeuten, daß wir in einen christlichen Perfektionismus hineinreifen. Immer muß uns das Wort Luthers vor Augen stehen, daß wir „im Werden“ und nicht „im Wordensein“ sind. Unser Leben bleibt vergebungsbedürftig bis zur letzten Sekunde. Alle Heiligung muß in der Rechtfertigung verankert bleiben und darf sich nie von dieser lösen. Kann unser letztes Wort eigentlich ein anderes sein, als jenes, das Luther kurz vor seinem Tode niederschrieb: „Wir sind Bettler, das ist wahr!?" Das heißt leben auf dem Grund der ersten Seligpreisung. Aber das ist eben auch wahr, daß wir in solcher Haltung der „humilitas" (Demut) erfahren dürfen, daß wir einen reichen Vater haben, der uns alle unsere Sünde um Christi willen vergibt und der uns immer neu aus dem Reichtum seiner Gnade beschenkt.

4. *Theologie des Kreuzes und Heiliger Geist*

Die Frage nach dem Heiligen Geist steht heute auf der Tagesordnung. Ich muß das nicht im einzelnen begründen. Sind wir in das Zeitalter des Heiligen Geistes eingetreten? Ist durch dieses neue Zeitalter die „theologia crucis" überholt? Zeigen die Wirkungen des Heiligen Geistes, daß wir jetzt eine „theologia gloriae" zu treiben haben? Wird nicht in der Tat der Heilige Geist heute oft für eine „theologia gloriae" mißbraucht?

Es ist meine tiefe Überzeugung, daß in der Reformation eine biblische Grundsatzentscheidung getroffen worden ist, die bis zu dem Tage gültig ist, an dem der Herr wiederkommt. Die „theologia crucis" ist nicht eine zeitbedingte theologische Modeerscheinung, sie ist biblische Theologie.

Im Blick auf den Heiligen Geist muß unbedingt festgehalten werden, daß er nicht von Christus und vom Wort der Heiligen Schrift zu lösen und zu trennen ist. Es ist die Hauptaufgabe des Heiligen Geistes, Christus zu verherrlichen, so sagt es unser Herr selbst in den Abschiedsreden bei Johannes. Der Heilige Geist macht uns Christus groß, aber uns macht er klein. Er führt uns in die *humilitas* im Sinne der Selbsterkenntnis; damit aber führt er uns in ein Leben echter Demut und Dankbarkeit. Es gibt auch eine gespielte Demut, die im Grunde genommen versteckter Hochmut ist. Der Heilige Geist hält uns in der Anfechtung in der Heilsgewißheit. Der Heilige Geist führt uns ins Gebet (Röm 8), ja er vertritt uns mit unaussprechlichem Seufzen, wenn wir selbst keine Worte mehr formulieren können. Der Heilige Geist macht aus uns nicht die strahlenden Glaubenshelden, sondern er gestaltet unser Leben so, daß wir dankbare und demütige Kinder des Vaters und vertrauende und gehorsame Jünger unseres Herrn Jesus Christus werden.

Müssen wir uns nicht in einer Zeit, in der die Schwärmerei gerade in der Geistfrage immer mehr um sich greift, mit dem beschäftigen, was Martin Luther in der Auseinandersetzung mit dem Schwärmertum seiner Zeit gesagt hat?

5. Theologie des Kreuzes und Zeichen und Wunder

Im Zusammenhang mit der Geistfrage stehen die Fragen nach den „Zeichen und Wundern". Die Geistbewegungen haben die Frage nach den Geistesgaben in den Mittelpunkt gerückt. Dabei stehen die sog. „dekorativen" Geistesgaben im Vordergrund. Es geht dabei um Krankenheilungen, Prophetie und Zungenreden. Prediger und Evangelisten treten auf, die behaupten, daß vollmächtige Evangelisation nur dort sei, wo auch Zeichen und Wunder geschähen. Man fragt sich, ob Verkündiger des Evangeliums, die wir zu unseren Vätern zählen und die Gott zu Werkzeugen von Erweckungen gemacht hat, bei denen aber keine Wunder und Zeichen in den öffentlichen Versammlungen geschahen, keine bevollmächtigten Zeugen gewesen sind. Dort, wo so viel von „Zeichen und Wundern" geredet wird, besteht die große Gefahr, daß der Aufbruch vom Glauben in das Schauen hinein vollzogen werden soll. Oft genug wird der lebendige Gott in schändlicher Weise vor den Karren religiöser Propaganda gespannt. Man hat oft in fataler Weise den Eindruck, als ob Menschen über Gott und seine Gaben verfügen könnten. Ein unheimlicher Enthusiasmus zieht durch das Land und ergreift Teile der Gemeinde. Von der „tentatio" (Anfechtung) scheint man in manchen Kreisen nichts mehr zu wissen oder jedenfalls nicht mehr viel davon zu halten.

Man ist wie berauscht. Das aber ist nicht das Kennzeichen des Heiligen Geistes, denn dieser macht nüchterne Leute. Seelischer Überschwang und religiöser Rauschzustand sind Kennzeichen eines fremden Geistes. Bei aller vermeintlichen Frömmigkeit in enthusiastischen Kreisen ist man massiv einer „theologia gloriae" verfallen.

Daß ich nicht falsch verstanden werde: Gott kann auch heute unter uns Zeichen und Wunder tun. Aber die Forderung danach und die fromme Zur-Schau-Stellung dieser Dinge, d.h. der unkeusche Umgang mit ihnen, ist kein Zeichen der „theologia crucis". Es ist eine wichtige Frage, wie wir mit diesen Dingen umgehen.

6. Theologie des Kreuzes und Erfahrung

Auch die Frage sollte uns heute beschäftigen, wie es um das Verhältnis von Glaube und Erfahrung steht. Denn auch hier ist die Gefahr, daß wir aus der „theologia crucis" in die „theologia gloriae" abrutschen. Gewiß wird biblische Theologie immer auch Erfahrungstheologie sein. Das sehen wir auch bei Luther. Es muß aber auch betont werden, daß der Glaube nicht von der Erfahrung, sondern vom Wort der Heiligen Schrift lebt. Erfahrungen können auch ausbleiben, ja Erfahrungen können dem Glauben sogar widersprechen. Die Erfahrung ist also kein sicherer Boden, auf den wir unser Leben gründen können. Ich sehe heute die große Gefahr, daß das Hören auf das Wort (und dazu gehört eine saubere Exegese) durch den Austausch von Erfahrungen verdrängt wird. Aber wie schnell werden, wenn das Hören auf das Wort vernachlässigt wird, auch durch Erfahrungen unsere Gedanken auf unbiblische Spuren gelenkt. Wie leicht und schnell entsteht durch Erfahrungen ein Gottesbild, das dem der Heiligen Schrift nicht mehr entspricht. Verläßt sich der Glaube vorrangig auf die Erfahrung, dann landet er sehr schnell entweder in der

Depression oder aber in der Schwärmerei. In der Depression landet er dann, wenn gegenteilige Erfahrungen gemacht werden, als man sie erhofft oder erwartet. In der Schwärmerei landet der Mensch, wenn er sich von seinen Erfahrungen fortreißen läßt und sie nicht mehr im Licht der Heiligen Schrift prüft. Eine überspitzte Erfahrungstheologie ist „theologia gloriae". Sie will erleben, schauen, Gott in den Griff bekommen.

7. Theologie des Kreuzes und das Reich Gottes

Die „theologia crucis" hat eine starke eschatologische Komponente. Das kann man bei Paulus und bei Luther studieren. Der Blick ist auf das kommende Reich Gottes und auf die Vollendung aller Dinge gerichtet. Die Sehnsucht nach der Vollendung ist groß. Der Glaube ist durchströmt und durchtränkt von einer starken, lebendigen Hoffnung. Es lebt im Christen die Erwartung, daß aller Kampf, aller Zwiespalt, alle Anfechtung, alle Versuchung, alles Schuldigwerden einmal aufhören. Das Reich Gottes kommt und mit ihm die Vollendung aller Dinge, das ist unsere große Hoffnung und Freude. Heute besteht die Gefahr, daß in weiten Kreisen der Christenheit die futurologische Eschatologie aufgehoben wird zugunsten einer präsentischen Eschatologie. Eine „Theologie der Revolution", und wie diese modernen theologischen Entwürfe alle heißen, verlagert das Reich Gottes in unsere Zeit und Welt. Wir müssen es im Grunde genommen schaffen. Wir kämpfen heute, wenn es sein muß mit Gewalt, gegen die ungerechten Strukturen. Wir wollen eine gerechte und friedliche Welt heraufführen, in der alle Menschen Brüder und Schwestern sind. So gewiß wir Christen für Frieden und Gerechtigkeit in dieser Welt eintreten wollen, so gewiß wissen wir auch, daß wir um der Sünde willen die neue Welt nicht schaffen können. Wir bauen das Reich Gottes nicht. Wir können immer nur Zeichen des Reiches in dieser alten Welt aufrichten. Wer das Reich Gottes durch menschliche Anstrengungen verwirklichen will, der ist auf der Linie der „theologia gloriae“. Er will etwas tun, was Gott allein am Ziel dieser Geschichte tun kann und wird. Die Linie der „theologia crucis“ heißt aushalten, leiden, dienen, Zeichen aufrichten.

IV. Erneuerung der Theologie durch die biblische Theologie des Kreuzes

Im Jahre 1947 wurde der Aufsatz von Julius Schniewind „Die geistliche Erneuerung des Pfarrerstandes“ veröffentlicht. In diesem Aufsatz finden sich die Sätze, die bis heute nicht veraltet sind: „Ohne die Erneuerung der reformatorischen Theologie enden alle Mühen, dem modernen Menschen das Evangelium zu bringen, im Nichts, verlieren wir uns im Relativismus, in der Skepsis. Dies ist aber nur in der Theorie möglich; denn in Konkreto kann kein Mensch im Relativismus leben; und so macht man, bewußt oder unbewußt, den Relativismus abzuwehren, Anleihen bei fremder Religion, heiße sie Stoa oder Plato oder Hegel. Das bedeutet dann jedoch praktisch: Versinken in konkreter Gottlosigkeit ... Aber tatsächlich könnte es sein, daß im Relativismus der historischen, der naturwissenschaftlichen, der philosophischen Fragestellung sich die Ohren öffnen für die ‚theologia crucis‘. Wir haben es doch erlebt, wie die Ärzte, die Juristen, die Dichter, die Musiker bei uns Theologen anfragen; wie sie vielleicht besser verstehen als wir, was wir Theologen eigentlich zu sagen hätten. Wir haben tatsächlich nur das eine zu sagen, das Wort vom Kreuz; wir haben nur den einen Artikel zu verkünden, mit dem die Kirche steht und fällt.“

Wir sind bei dem zentralen Gedankenkreis des 1. Korintherbriefes, aus dem der Begriff „theologia crucis“ stammt. So gewiß unsere eigene Gerechtigkeit vor Gott verurteilt ist, so gewiß auch unsere eigene Weisheit. Die „theologia crucis“ bedeutet auch den entschlossenen Verzicht darauf, „die Welt christlich zu machen“.

Und noch ein Blick ins Neue Testament: Ich habe die Endzeitreden Jesu vor Augen und die Sendschreiben der Offenbarung. Da und dort begegnet uns in den Worten Jesu selbst die Gemeinde als Gemeinde unter dem Kreuz. Die Gemeinde ist als eine Zeugenschar der Macht der Verführung ausgesetzt. Sie ist Passionsgemeinde: Gemeinde in der Verfolgung, unter dem Kreuz. Sie hat eine „kleine Kraft". Es wird nichts berichtet von Zeichen und Wundern, die sie tut. Im Gegenteil: Die Zeichen und Wunder geschehen durch den Satan und seine Helfershelfer. In den Sendschreiben der Offenbarung lese ich nichts von den „dekorativen" Geistesgaben. Ich sehe vor mir Gemeinden, die festhalten am Wort und am Jesus-Namen (s. Philadelphia).

Es wäre gut, wenn wir uns im endzeitlichen Gefälle auch mit den endzeitlichen Partien des Neuen Testamentes beschäftigen würden. Das macht nüchtern und bewahrt vor falschen Erwartungen und vor frommen Irrlehren.

Noch einmal betone ich: Wir sind nicht geistvergessen. Wir haben keine Angst vor dem Heiligen Geist, seinen Wirkungen und seinen Gaben. Wir können auf dem Weg nur durchhalten, weil der Heilige Geist mit seiner Kraft und seinen Gaben unter uns gegenwärtig ist. Aber der Heilige Geist bewahrt die Gemeinde auf dem Kreuzesweg, weil sie nur auf diesem Weg zur Herrlichkeit gelangt.

Die „theologia crucis", die das ganze Neue Testament bestimmt und die die Reformatoren neu entdeckt haben, steht einmal gegen allen frommen Rationalismus, und zwar in jeglichem Gewand, sei es der liberale, der orthodoxe oder der fundamentalistische Rationalismus. Wir bekommen Gott nicht in den Griff. Wir haben ihn nicht in der Hand. Wir können ihn von uns aus nicht erkennen und schon gar nicht beweisen.

Zum anderen steht die „theologia crucis" gegen allen frommen Moralismus, ob er nun im Gewande einer Gesetzlichkeit oder eines religiösen Idealismus auftritt. Der Weg der Selbsterlösung ist verbaut. Er endet im Verderben. Menschliche Moral und Sittlichkeit reichen nicht aus, um vor Gott recht zu sein.

Schließlich: Die „theologia crucis“ steht wider allen Synkretismus. Wie hat Paulus dagegen gekämpft! Wir sind ganz neu in ein synkretistisches Zeitalter eingetreten. Die „theologia crucis“ kann mit den Religionen der Welt nicht unverbindlich diskutieren oder gar paktieren. Sie läßt sich nicht einordnen in ein religiöses Weltsystem. Sie ist das große, einmalige Gegenüber zu den Religionen der Welt. Wer den Synkretismus bejaht, verrät das biblische Evangelium.

Die „theologia crucis“ verträgt sich auch nicht mit einem christlichen Enthusiasmus der ständig aus dem heilsgeschichtlichen Ort ausbricht, an den wir jetzt gestellt sind. Es ist der Enthusiasmus, der immer „mehr“ haben will – mehr als die Rechtfertigung, mehr als das Kreuz, mehr als die Gnade, mehr als den Heiligen Geist. Es ist der Enthusiasmus, der schauen will und aus dem Glauben ausbricht.

In einem Lied, das ich meinen Konfirmanden zu lernen aufgab, heißt es:

„In meines Herzens Grunde
dein Nam' und Kreuz allein
funkelt all' Zeit und Stunde,
drauf kann ich fröhlich sein.
Erschein' mir in dem Bilde
zu Trost in meiner Not,
wie du, Herr Christ, so milde
dich hast geblut' zu Tod.“

Das letzte Wort soll nochmals Martin Luther haben:

„Ich, Doktor Luther, will von keinem andern Gott wissen, denn allein von dem, der am Kreuz gehangen hat, nämlich Jesus Christus, Gottes und der Jungfrau Marien Sohn.“

Und: „Das Kreuz allein ist unsere Theologie.“

Kurt Heimbucher

Weil du bei mir bist

Für Zeiten der Krankheit

48 Seiten. Fester Einband
Durchgehend vierfarbiger Geschenkband
Bestell-Nr. 3-7655-6405-2

Krankheit scheint verlorene Zeit zu sein und ein großes Unglück - besonders, wenn sie schwer ist und lange andauert. Die erzwungene Zeit der Ruhe kommt uns oft sinnlos und unnütz vor. Neben mir sind Menschen, die stehen mitten im Leben - kerngesund. Ich werde herausgenommen, beiseite gestellt. Warum gerade ich?

Daß die Tage der Krankheit ganz im Gegenteil auch hilfreich und ausgefüllt sein können, hat Kurt Heimbucher in eigenen Krankheitstagen erfahren. Er möchte Kranken und Leidtragenden Trost und Hilfe zusprechen und versuchen, eine Antwort auf ihre Fragen zu geben.

BRUNNEN VERLAG GIESSEN